何が戦争を止めるのか

元海上自衛官航空隊司令
東京財団研究員・政策プロデューサー
小原凡司

Discover

何が戦争を止めるのか

はじめに

今、世界は戦争に向かいつつあります。

私は本書のはじめに、あえてそうはっきりお伝えしようと思います。

「そんなのは嘘だ。街を歩いていても、戦争の気配なんて感じられないじゃないか」

「そうやって不安を煽《あお》るような言説は信用できない」

「何を根拠にそんなことを言うんだ」

みなさんの中には、そう思われる方も多いかもしれません。

私は、防衛大を卒業し、海上自衛隊で実際にパイロットとして勤務し、北京の日本大使館で防衛駐在官を務め、防衛省の防衛研究所にて研究者となったのち、外交・安全保障を専門に研究を重ねてきました。

「自衛官」として防衛の最前線に身を置き、「研究者」として学問の世界にも携わった立場から総合的に判断して、今、世界のいたるところで「戦争」というオプションが行使されやすい状況が整いつつあります。


「戦争が起こる可能性がある」ということをみなさんが容易に信じられないのも、無理はありません。ほとんどの人はリアルに戦争を体験していないうえ、第二次世界大戦で敗戦国となった反省から日本は「戦争は絶対悪だ」と教え、戦争という言葉は、半ばタブー視されてきました。


おそらくみなさんは、「戦争なんてひどいものを誰も望むはずがない」と考えているのではないでしょうか。そのこと自体は、間違いではありません。しかし、それでも戦争は繰り返し起こってきましたし、現在でも、世界には戦闘を続けている国や地域があります。

「世界中で戦争が起こっていても、日本は平和を保ち続けているじゃないか」と思われるかもしれません。しかし、世界の他の地域で起こっている戦争は、本当に他人事なのでしょうか？

いいえ、今後実際に大規模な戦争が起こったとき、日本だけ影響を受けないということはあり得ません。それどころか、日本が戦争の当事者になる可能性もあるのです。

「戦争は絶対悪であり、誰も戦争を望まない」という考え方は、理想主義的であるとも言えます。「理想主義で何が悪いのだ」とおっしゃるかもしれません。そのとおりです。理想を掲げることは、もちろん悪いことではありません。

ただ、それでも理想どおりにはいかなかったからこそ、戦争は起こってきました。みなさんが信じている「理想」と、世界で起こっている「現実」との間には、ギャップがあるのです。

戦争を起こしてはいけないと考えるのは正しいことです。しかし、「戦争を起こしてはいけない」と考えることと、「戦争が起こるはずがない」と信じることは違います。単純に理想を信じてしまうのは、ときに危険でさえあります。

現在では「戦争は悪である」という価値観は、私たちの間で広く共有されているように見えます。少なくとも、各国政府は「戦争は悪である」と言い、「自分から戦争を起こさない」と言います。国民が戦争に反対することを理解しているからです。

また国家は、戦争することに対する支持を国民から得るために、「戦争しなければ生存できない」と言い訳をすることがあります。もちろん、自国が攻撃されれば、防衛しなければなりません。自衛権はすべての国に認められています。しかし、問題は自ら戦争を始めるときでも、国は、理想主義を装いながら「自衛のため」といって戦争をする場合があるということです。だからこそ、これまで世界中で起きた戦争は、自国向けにも対外的にも、すべて「自衛のための戦争」と説明されてきたのです。

国家の行動原理は、必ずしも理想主義に基づいているとは限りません。国家は、国益のためだと考えれば、戦争というオプションを選択し得ます。

「世界は戦争に向かいつつあります」と最初に言ったのは、世界のいくつもの国や組織において今、実際に戦争というオプションが選択される危険性が高まっているように見えるからです。日本だけではなく、多くの国は理想を掲げ、追い求め、尊い努力を重ねてきました。しかし今、さまざまな国家の国民が、現実に直面して不満を溜めているのです（EUの難民問題はその最たる例です）。そして、不満を溜めた国民がつくり出す世論が、各国の政策決定に影響を及ぼしています。

私がこの本を書こうと考えたのは、こうした各国の状況により、世界が不安定な方向に向かっているように見えたこともきっかけのひとつですが、それだけではありません。日本全体で、安全保障に関する議論があまりに未熟なまま行われていると感じているからです。

国際情勢が不安定になっている状況を踏まえて、日本でも2016年3月に「平和安全法制」と呼ばれる新しい安全保障法制が施行されました。この「平和安全法制」の成立の過程で、安全保障に関する多くの議論が新たに交わされましたが、それを見ていると「なぜ、今に至るまでこの社会では安全保障の議論が交わされてこなかったのか？」と強く違和感を覚えました。なぜなら私たちは、これまでもずっと日本の安全保障について考えてきたからです。

「私たち」とは、自衛官のことです。私はかつて、海上自衛隊のヘリコプターのパイロットをしていました。私が防衛大学校を卒業した1985年は、まだ冷戦の最中です。冷戦期も、日本が何事もなく平和を保てていたわけではありません。実際、ソ連海軍と接触したこともありました。自衛隊は、ソ連の大規模侵攻にいつも備えていたのです。

冷戦終了後は、国際情勢が大きく変化しました。だからといって、日本に対する脅威がなくなったわけではありません。むしろ、状況はもっと複雑になりました。米ソ冷戦構造の下で抑え込まれていたさまざまな地域の矛盾が表面化したからです。

1991年1月に始まった湾岸戦争は、世界には不安定な地域があり、軍事衝突が起こり得るということを多くの人に思い知らせました。湾岸戦争は、1990年、イラクがクウェートに侵攻してこれを占領し、国連安保理の撤退要求にイラクが応じなかったため、アメリカを主力とする多国籍軍がイラクを攻撃したことによって始まった戦争です。この戦争の影響は、テロリストの活動などの形で、現在でも残っています。

遠く中東の地だけでなく、日本周辺でも不穏な動きはありました。

1999年、初の海上警備行動が自衛隊に発令されます。北朝鮮の不審船が能登半島沖の日本領海内に侵入し、違法工作の可能性がある不審な活動を行っていたため、海上自衛隊と海上保安庁が北朝鮮の工作船を追尾したのです。

このとき、海上自衛隊は、多数の警告射撃を行ったにもかかわらず、北朝鮮の工作船を止めることができませんでした。日本のそれまでの安全保障体制が、こうした事態に対処するのに適していなかったことが明らかになったのです。

そして、2001年9月11日。アメリカで同時多発テロが発生します。アメリカと国際社会の非国家主体であるテロリストとの戦いが始まったのです。

こうした状況の変化に対応するために、日本の安全保障体制はどのようなものでなければならないのか、日本政府も自衛隊も必死に考えてきました。その結果、テロとの戦いを支援するために、例えば、インド洋における補給支援等の新しい任務を行うようになったのです。そして、そうした任務に適した装備を考え、編成も変えてきました。

それなのに、2015年になって、日本の社会では「なぜ今安全保障を考えるべきなのか」という疑問が呈され、野党も同じように議論したのです。日本政府は、自国の安全保障を常に考えてきました。しかし、一般の社会には、安全保障の議論をタブー視する風潮がありました。そのことを、このときあらためて思い知らされました。日本人の多くは、国際社会の現実を、自分たちに関係のあることと考えなかったのかもしれません。そして、これまでは、それでも日本の安全が保てたのです。

その結果、日本では「平和」と言えば戦争はなくなるとでも言わんばかりの、理想主義的な考えが強くなっていきました。

私は海上自衛隊にいる間に、大学院で「中国の外交政策」を研究する機会を得、その後、2003年から2006年にかけて、防衛駐在官として北京にある日本大使館で勤務しました。そこで、高度経済成長を遂げようとする中国の姿を生で見つつ、中国の政策決定や政軍関係（中国では「党軍関係」の方が正しいかもしれません）、政治家や軍人、官僚の考え方、国民の感覚など、多くのことを学んできました。これらは中国に長期留学したか、あるいは数年間の勤務と生活をした者でないとわからないもので、肌感覚とでも言うべきものです。

その中国が、現在、米国との緊張を高めています。国際社会全体が不安定化する中で、米中両国が戦争を望まなくとも、予期せぬ軍事衝突から戦争にエスカレートする可能性が高まってきています。

米中が軍事衝突すれば、他国を巻き込んだ大規模な戦争に発展する可能性があります。もちろん日本も例外ではありません。この米中戦争をどうしたら避けることができるのか、私たちは考える必要があります。そして、それをさらに一般化して、どうしたら戦争を防げるかを考える必要があるのです。

「平和安全法制」の議論の際、「政府が勝手に戦争を始める」という反対派のスローガンに対しても、私は違和感を覚えました（念のために申し上げると、反対すること自体は個人の自由です）。「政府が勝手に戦争を始める」という言い方は、国民として日本の安全保障政策への関与を放棄している無責任な表現だからです。「政府が戦争を始めるかどうか」を決めるのは、ほかでもない私たち国民だからです。

日本が、どのように国際社会と協力し、あるいは協力しないのか、その判断を政府に丸投げして良いはずがありません。国民一人一人が考えなければならないのです。政府が国民の意志と異なる政策をとったときには、選挙でその政権に対する信任を否定しなければなりません。

安全保障について議論をするには、「安全保障とは何か」を理解する必要があります。本書は戦争で勝つための戦略論を書いた本ではありません。「どのようにすれば戦争を避けられるのか」をみなさんと考えるための本です。

本書では、「平和安全法制」に賛成とも反対とも言いません。それをみなさん自身に考えていただくために、戦争の「本質」とは何なのかを、一緒に考えていきたいのです。

目次

第2章 リベラリズムとその限界

第3章　リアリズムとその限界

第4章　柔らかいリアリズムへ

第1章

世界中で「理想の崩壊」が起こっている

1　EUが苦しむ理想と現実の「ギャップ」

今、世界で戦争の危険が高まっているとお話ししましたが、たしかに日本でその危険を直接的に感じることはできないかもしれません。実際に戦争についてお話しする前に、第1章では今世界でなぜ緊張が高まっているのか、そして日本ではなぜそれが身近に感じられないのかを、「理想と現実」をキーワードにお話ししていきたいと思います。

EUの本質とは何か

世界中が今、理想と現実のギャップに苦しめられています。みなさんご存じのEUはその最たるものです。

EU（欧州連合）は、「統合された欧州」という理想を掲げる一方、「開かれた欧州」の実現に向けても努力してきました。「開かれた」には、「欧州域内での開かれた社会」と、人種や宗教による差別のない、「欧州域外に対しても開かれた社会」という、2つの意味があります。「統合された欧州」であるEUにおいて、統合されるのは「国家」です。EUの本質を理解するために、「国家」とはそもそもどんな意味を持つのかを簡単に確認しておきましょう。

国家は、統治機構を持つ単位として最も大きなものです。「統治機構を持つ」とは、その単位の中では、守るべきルールが定められ、ルールを強制的に守らせる法執行機関があるということを意味しています。

たとえば、国の中では、やってはいけないことは法律で定められています。そしてその法律を犯せば、警察などが取り締まり、罰せられることになります。何をやってはいけないのかは、国によって異なります。シンガポールでは、道にツバを吐いただけで法律違反となりますが、日本はそうではありません。各国が、それぞれに国内のルールを決める権利を持っているということです。そして、それを国民に強制することができます。この重要な権利を、国家はふつう手放したがりません。

地域を統合するということは、各国が持っているその権利の一部を、地域を統合する組織に対して差し出すことに他なりません。それゆえに、EUの試みは、先進的であるといえるのです。

地域間統合は、世界規模では難しい統合を、文化的に比較的近いと考えられる地域の中で行おうという試みです。地域内では、経済を含むさまざまな問題が国家を超えて発生します。そのとき、地域が統合されていれば、より効率良く解決策を考えることができるでしょう。さらに、統合された組織は、地域内の問題の解決に有利なだけでなく、対外的にも統一された主体としてより大きな影響力を及ぼすことができます。

EUやASEAN（東南アジア諸国連合）などの、地域間で統合された機関・組織の中でも、もっとも野心的な取り組みをしてきたのがEUでした。しかし、その道のりは決して平坦なものではありませんでした。そして先ほど申し上げたとおり、今もなおEUは、自らが掲げた理想と現実のギャップに苦しんでいます。

ここでは、その設立過程をごく簡単に振り返ってみましょう。

「利得を最大化する共同体」としてのEU

EUは元々、戦争によって破綻したヨーロッパ経済を立て直すための仕組みとして考えられました。ヨーロッパの人たちは、自分たちの豊かな生活とヨーロッパ全体の繁栄を取り戻そうと、統合による経済的な利得を求めたのです。

１９５２年にＥＣＳＣ（欧州石炭鉄鋼共同体）が設立され、西ヨーロッパにおいて統合による効果が実感されると、新たにＥＥＣ（ヨーロッパ経済共同体）とEuratom（欧州原子力共同体）が発足しました。

これら３つの共同体はそれぞれ独立した個別の機関として活動していましたが、ヨーロッパの統合を効率的に進めるために、１９６５年にブリュッセル条約が調印され、１９６７年にはＥＵの前身となるＥＣ（欧州共同体）というひとつの枠組みとなり、統合はより深められることになりました。

経済的なメリットをきっかけに始まった欧州統合ですが、現在のＥＵは経済だけでなく、政治的にも部分的に統合されています。

経済分野での統合から政治分野での統合に拡大が促された理由のひとつは、冷戦の終結にあります。戦後、米ソ冷戦の構造が明らかになると、その勢力争いに完全に取り込まれないよう、欧州統合の必要性はますます高くなりました。しかし、ひとたび冷戦構造が崩壊すると、西ヨーロッパの立場は大きく変化しました。もはや米ソ両超大国の間に押し込められているだけの存在ではなくなったのです。

一方、冷戦終結後に東西ドイツが統一を果たすと、別の問題も現れました。二度の世界大戦を引き起こしたドイツをＥＵの中でどのように扱うかという問題です。さらに、冷戦の崩壊とともに東方に拡大したＥＵでは、共産党支配から脱して民主的国家へと変わろうとしつつある中東欧に対してどのような態度で接するのか、といった新たな欧州秩序の形成も大きな課題となってきました。欧州内で、政治分野における協力関係強化が求められるようになったのです。

もうひとつの理由は、１９７０年代の経済危機です。統合の遅れに危機感を抱いた欧州委員会（現在のＥＵの政策立案・執行機関）が、１９９２年までに域内市場統合の完成を目指すと発表し、さらに、フランスとドイツが、通貨統合を通じて政治統合まで実現する提案を行ったのです。通貨の統合は、単に経済的な問題にとどまりません。通貨の流通は、国家が決めることです。たとえば、アベノミクスと呼ばれる安倍政権の経済政策の「第一の矢」とされたのは、金融緩和によって流通するお金の量を増やすという「大胆な金融政策」でした。しかし、通貨を統合すると、各国は自分の国だけで独自の金融政策を採れなくなってしまいます。各国が勝手にお金の流通量を増やしたり減らしたりできなくなるからです。つまり、国家が採り得る政策の選択肢を、ＥＵに差し出すのだともいえます。

この動きが、ＥＵ創設のための『マーストリヒト条約（ＥＵ条約とも言います）』につながっていきました。しかし、それでも、現在のＥＵの形になるまでに数々の問題が発生しました。

そのひとつが、欧州連合の憲法を定めようとした『欧州憲法条約』でした。このときフランスとオランダが、この『欧州憲法』が超国家主義的な性格であるとして、批准を拒否したのです。

『欧州憲法条約』は、マーストリヒト条約を含め、それまでに成立していた7つの条約を集約し、複雑な法体系を整備・合理化したものでした。そもそも、マーストリヒト条約には、統一通貨に関する規定だけではなく、共通外交・安全保障に関する規定、司法や内務協力に関する規定も置かれていて、経済的要因に加えて、政治的な要素も色濃く反映するものとなっていました。政治的な要素が加わったことにより、フランスやオランダは自国の政策決定の権限が制限されてしまうことに否定的になりました。つまり、自国の行動を自分で決められなくなるのではないかと心配したのです。

それでもEUは、紆余《うよ》曲折を経ながら、加盟国の国家主権の一部を超国家機構に委譲し、加盟国の政治的・経済的統合を進めていきます。その結果、各機構の権限も従来の国際機関とは比較にならないほど強化されました。とくに経済分野での統合は強く、EUが、あたかも国家であるがごとく振舞っています。

EUは、人、モノ、サービス、資本が域内で自由に移動できることを目指しています。「人」については、元々、別の枠組みであった『シェンゲン協定』が、現在はEUの法体系の枠組みの中に取り入れられ、その移動の自由が保障されています（これが、現在の難民流入の問題、英国のEU離脱〔BREXIT《ブレグジット》〕問題に関わってきます）。

EUの成立過程について、理解できたでしょうか？　少し、複雑すぎますよね。

ここではまず、EUが、ヨーロッパの人たちが自分たちの利益を大きくし、自分たちが幸せになるための共同体として創られたものだということを理解してください。決して世界の不幸な人々を救うことを目的として成立したわけではないのです。そして、EUの内部においても、各国の思惑が交錯しているという状況も忘れないでください。

「理想の共同体」としてのEU

EUは現在、理想と現実の間で苦しんでいると書きました。では、EUの掲げる理想とは何か。そのひとつが、「人権の尊重」です。「欧州が人権思想発祥の地である」ことを誇りとするヨーロッパ各国は、1950年代から人権を統合の基盤とし、法的に規定してきました。それは、EUの法体系にも色濃く受け継がれています。

これが、EUが「理念に基づいた共同体」であると言われる所以でもあります。ひとたびEUを外からみれば、EUはひとつの共同体として人の尊厳を尊重し、人権を重んじるという理念を持っているように認識されています。

しかし、その理念が今危機にあります。国家の垣根を越えようとして設立されたＥＵに加盟する各国が、あらためて、国家の枠組みを強く意識せざるを得なくなっているのです。各国内で、ＥＵが理想とする「開かれた社会」に対する反対意見が強く出始めました。きっかけは、シリア等からの大量の難民の流入です。シリア等からの域外難民やＥＵ域内の移民が、経済的に豊かな旧西側諸国内に殺到したために、旧西側諸国の国民は、自分たちの生活が脅かされていると、不満を高めているのです。

統合が進むにつれて、単に経済統合だけでなく、政治的な分野での統合も試みられてきたＥＵを、国家という枠組みを超えた、新たな「世界政府」を創る試みのように捉えている方もいらっしゃるのではないでしょうか？　しかし実際には、ＥＵは今、統合とは反対の方向に進もうとしているかもしれません。

ＥＵは、域内の自分たちが幸せになるために創られた、と言いました。しかし一方で、ＥＵはこれまで、域外からの移民にも寛容でした。むしろ、積極的に受け入れていたと言った方が良いかもしれません。ベルリンでも、ブリュッセルでも、タクシーに乗ると、多くのドライバーがイスラム系の人たちであることがわかります。シリア内戦によって難民が大量に押し寄せる以前から、ヨーロッパには、ヨーロッパ域外から多くの移民が移り住んでいました。

実はEUは「ヨーロッパに住みたいという域外の人たちが貧しくてかわいそうだから」という人権主義的な理由だけで移民を積極的に受け入れてきたのではありません。移民が、単純労働を担う安価な労働力であるとも考えられたからです。

ただし、経済的な理由を主として移民を受け入れてきたにしても、移民受け入れの政策には、「人権」等の理想が「看板」として掲げられました。その背景として、ひとつには単純に「自分たちの利益のために」と言うことへの抵抗があったのでしょうが、実際に、人道主義などの理念を大切だと考え、理想主義的な考えを信じる人も多くいたのです。ヨーロッパにおいて、EU統合の基礎とされる「人権」が尊重されることは事実です。そしてそれこそが、ヨーロッパのアイデンティティーであると考えられてきたのです。

矛盾に直面するヨーロッパの理想主義

しかし今、「国境なきヨーロッパ」の理念、ヨーロッパが積み上げてきた人道主義の理念が試されています。

安価な労働力として移民が機能している間は、理念と実益の間に矛盾を感じる必要はありませんでした。しかし、ここのところ想定以上に大量の難民がヨーロッパに流れ込んだために、受け入れに寛容であったヨーロッパの国々でさえ、悲鳴を上げ始めているのです。

欧州では、シリア等の紛争地域からの難民の流入が止まらず、大きな問題になっています。2015年の1年間で、欧州には100万人を超える難民や移民が流入しました。2016年になってからの2ヶ月間だけでも、13万人を超える難民や移民が欧州に渡って来ていて、その多くが、ギリシャを経由してドイツや北欧を目指しています。

そこで、難民の移動ルートに当たるマケドニアやオーストリアなどが流入を抑えようと、相次いで国境管理の強化に乗り出し、ギリシャでは行き場を失って滞留する難民たちが増え続けているといわれます。

そして2016年3月17日、EUはベルギーのブリュッセルで首脳会議を開き、急増する難民や移民を抑えるために、トルコ側と協議を進めている新たな対策案について話し合いました。新たな対策案とは、主要な渡航ルートであるトルコ経由のルートでギリシャに渡ってくる難民や移民を、出身国に関係なく、すべてトルコに送り返すというものです。その代わりに現在トルコ国内にとどまっているシリア難民については、EU各国が受け入れます。無尽蔵な流入に困ったEUと、自国内の難民をさばきたいトルコによる取引だともいえるでしょう。

難民よりＥＵの都合を優先した政策ともいえますが、このＥＵに有利な対策案でさえ、ＥＵ内部で同意が得られない可能性があります。トルコ国内に滞留しているシリア難民は、ＥＵ各国に受け入れ数が割り当てられる訳ですが、ハンガリーなどは、協議の前からすでに拒絶の姿勢を示しています。「難民を受け入れる」という理想よりも、自国の都合を優先しているのです。

このＥＵ・トルコ難民対策の最終合意は、２０１６年3月20日に発効しました。これをもって「ＥＵの理念は死んだ」と評したメディアもあります。また、難民の流入を止めるための非常手段ならぬ、「非情手段」だと批判するものもあります。

たしかに、難民にとって過酷な状況であることに間違いはありません。しかし、思い出してみてください。ＥＵは、ヨーロッパの人々が幸せになるためのものでした。「ＥＵの理念」は元々、ＥＵの域内において考えられていたものなのです。他での人々の不幸をなくすためのものではありません。

そこに今、負担が強制的に課されようとしているのです。自分の国の状況を考えれば、今はそれどころではない、というＥＵ側の国の考え方は、利己的だと責められるべきものでしょうか？

もともと、ＥＵ内の移動の自由は、ＥＵ加盟国に住む人たちのためのものでした。しかし、旅行者であろうと、難民であろうと、ひとたびEU域内に入ってしまうと、域内での移動にはほとんど制限がありません。みなさんも、ヨーロッパに旅行すれば、最初に入国する際のパスポート・コントロールのゲートを通った後は、自由にEU各国内を行き来できます。

旅行者は、いずれ帰ります。しかし難民は、正規の手続きを経ずにEU域外から流入し、その後もずっとヨーロッパの人々と同様の恩恵を享受するのです。それを、「ずるい」と思う人がいたとしても不思議ではないと思いませんか？

またEUは、ヨーロッパでは共有されている、人間の尊厳の尊重、自由、民主主義、平等、法の支配、ならびに少数派に属する人々の権利を含む人権の尊重という価値が共有されることを前提にした共同体です。

シリア等からの難民を救うことは、人権の尊重というEUの理念にかなったことです。しかし、難民は、EUの理念を共有している人々ばかりではありませんでした。EU・トルコ難民対策をとりつけたドイツのメルケル首相は、『イスラム教の「女性蔑視」を輸入した』とさえ、揶揄《やゆ》されました。

さらに、EU側が難民を警戒する背景として、テロリストが、難民に紛れてヨーロッパに入ってきかねないという治安上の理由もあります。実際、2015年11月にパリで起こった自爆テロの実行犯の一人もシリアのパスポートを持って難民を装い、ヨーロッパに入ったことがわかっています。

みなさんなら、自分たちが「いけないことだ」と思うことを平気でする人を、かわいそうだからといって、自分たちの仲間に加えたいと思うでしょうか？　きっと、安易な返事はできないはずです。

2015年9月には、EUの域内各国における難民受け入れ分担計画が義務づけられることに、ハンガリーが反対を表明するという事態が起こっています。

また、2016年3月に実施されたドイツの州議会選挙では、「反移民」を掲げる右派政党が軒並み躍進しました。これは、難民受け入れに寛容なメルケル首相に国民がつきつけた「NO」だとも言われました。

もちろん、難民の受け入れに反対している人ばかりではありません。ヨーロッパ各国には、「命からがら逃げて来た難民」を救うべきだ、と考える大勢の人々がいます。ドイツの州議会選挙の結果も、国民の大部分が「反移民」であることを意味するわけではありません。

今、ヨーロッパは、難民の大量流入によって現実的な問題を目の当たりにし、自らが掲げてきた理念との矛盾に苦しんでいるということなのです。

ギリシャ経済危機と英国のEU離脱問題は何を表しているか

ＥＵが抱えてきた理念と現実との矛盾は、難民の大量流入だけではありません。経済面でも、その矛盾は表れています。

ギリシャは、難民問題が起こる以前から経済危機に陥っていました。そこでＥＵがギリシャに経済的な支援をする代わりに緊縮財政を要求したところ、この方針にギリシャ国民や政府が反発したのです。

このギリシャの経済危機は、２００９年10月に政権交代した際に、公表していた数字よりも財政赤字が大幅に膨らむことが明らかになったことで発覚しました。２０１０年1月には、欧州委員会がギリシャの統計上の不備を指摘したことが報道され、ギリシャの財政状況の悪化は世界的に表面化してしまいました。

ギリシャ政府は財政健全化計画を発表しましたが、その計画があまりに楽観的だったため、ギリシャ経済に対する信用はますます失われていきます。国への信頼度を表すギリシャ国債は、暴落しました。

こうした状況に対して、ＥＵはやむをえず支援を決断します。ユーロ圏諸国の財務相会合において、ＩＭＦ（国際通貨基金：International Monetary Fund）・ＥＵによる総額１１００億ユーロ（約13兆５０００億円）にのぼる第一次支援を２０１０年5月に行うことが決定されました。しかし、それでも足りません。２０１２年2月には、ＩＭＦ・ＥＵに民間も加えた第二次支援が決定されました。第二次支援は、総額１３００億ユーロ（約15兆９０００億円）にものぼります。

しかし、単にギリシャを支援するだけでは、各国は自国民に説明がつきません。税金を他国の支援に使うわけですから。ＥＵ各国はギリシャ政府に対して、増税・年金改革・公務員改革・公共投資削減などの厳しい緊縮財政策や公益事業等の大規模民営化を支援金受け取りの条件として課しました。これがギリシャ国民に大きな負担を強いることになり、反発を招いたのです。

そして、これらの難民問題やギリシャの経済危機に加えて、ＥＵは現在、最大の困難に直面しています。２０１６年6月、英国において、ＥＵからの離脱の是非を問う国民投票が行われ、予想外の「ＥＵ離脱」という結果が出たのです。いわゆる、「BREXIT《ブレグジット》」です。

英国内では、前述のシリア等からの難民ではなく、ＥＵ域内、とくにハンガリー等の旧東欧諸国からの大量の移民が大きな問題になっていました。このことは、ＥＵ域内での「人の移動の自由」に直接関わる問題だったのです。

「ＥＵ離脱派」が勝利したと言っても、英国の中では、地域によって温度差があります。ロンドンでは残留派が多数を占める一方、一部地方都市では、地元住民が職を失い、地域内に英語以外の言語があふれ、地元住民の間に、移民に対する反感が高まっていました。「移民のせいで、医療等、本来であれば、税金を払ってきた自分たちが受けられるはずの公共サービスが十分に受けられなくなった」という非難の声が上がりました。さらには、そうした不満を背景に、「偉大な英国は、ヨーロッパの一部になりさがってしまった。かつての栄光を取り戻すのだ」という、ナショナリスティックな主張も起こりました。

こうして英国という「国家」が強く意識される一方で、ロンドンなどでは、「EU離脱派」勝利が決定した後も、EU残留を求めるデモが起こり、ロンドン独立まで叫ばれました。英国の中でも、EU残留とEU離脱の間で葛藤《かっとう》があるのです。

英国だけではありません。理想を掲げて統合を追求してきたヨーロッパでは、現実と直面せざるを得なくなったことによって、あらためて、国民に「国家」が強く認識されるようになりました。今後、EU離脱の動きが加速するかと目されているのが、フランスとオランダです。メディアが行ったアンケート調査等によれば、両国とも、EUに懐疑的な国民が多くいます。これら二国とも、過去には、ヨーロッパにおいて支配的な地位を占める大国であった経験を持ちます。やはり、英国と同様、偉大なる「過去の栄光」があるにもかかわらず、ヨーロッパの中の一国という地位に押し込められていることに不満があるのです。

両国のEU離脱を主導するのは、フランスの国民戦線を率いるルペン党首とオランダの自由党のウィルダース党首です。フランスの国民戦線は極右政党であると言われ、繰り返し、イスラム過激派の脅威について警告し、国境管理の強化を主張しています。2015年11月に起こったパリの同時多発テロは、国民戦線の追い風になりました。国民が、イスラム過激派の取り締まり強化を望んだからです。

同時多発テロ以降、オランド仏大統領も、国民の声を無視することができなくなります。ルペン党首や中道右派のサルコジ前大統領といった政敵からの攻撃をかわすため、同時多発テロを「戦争行為」と強い言葉で非難し、フランスが「(テロとの)戦いを主導する」と宣言したのです。

オランダの自由党も、英国のEU離脱が話題になる以前から、統合を進めるEUの政策に懐疑的でした。ウィルダース党首がたびたび口にする、「我々自身が我々の国、我々のお金、我々の国境そして移民への取り組みを担うべきだ」という発言は、EUに懐疑的な目を向け始めたヨーロッパ各国の思いを代弁しています。

この二国に続いて、スウェーデンとデンマークで、さらにはポルトガル、イタリア、ギリシャ、ベルギーでも、EU離脱に向けた議論が活発化する可能性があります。今まさに、ヨーロッパ各国内は「理想」と「現実」の葛藤にあえぎ、大きな岐路に立っているのです。

2　トランプ氏の躍進から見えてくる米国の「ひずみ」

現実にNOを突きつけた米国社会

理想と現実の葛藤に苦しんでいるのはヨーロッパだけではありません。

2016年7月、『「18禁」の大統領選』とメディアに揶揄されるほど、罵倒と性的な含みを持たせた下品な発言を繰り返すドナルド・トランプ氏が、米大統領選挙における共和党指名候補に選ばれました。候補指名争いにおいて、並み居る他の共和党候補に勝利したのです。他の候補の中には、異端であるトランプ氏と異なり、共和党の主流派も含まれていました。指名争いに勝利したということは、共和党員の中で、トランプ氏を支持する人が多かったということです。一見、無茶苦茶な発言をしているトランプ氏が、どうしてこのように支持されたのでしょうか？

民主党の候補指名争いにおいても、本命と言われる主流派のヒラリー・クリントン氏に対して、これも主流派でないバーニー・サンダース氏が政治革命を掲げて善戦しました。候補者であるサンダース氏自ら「社会民主主義者」と名乗ることも、大多数が200ドル以下という少額寄付者に頼る選挙運動も、アメリカ大統領選挙では前代未聞です。サンダース氏は、トランプ氏とまったく異なるキャラクターに見えますが、サンダース氏を支持した人たちには、トランプ氏を支持した人たちとの共通点があります。それは、既存の政治に「NO」を突きつけた、ということです。

多くのアメリカの国民が「NO」と言った、その既存の政治を作ってきたのは誰なのでしょうか？　それは、「エスタブリッシュメント」と呼ばれる人々です。エスタブリッシュメントとは、「社会的に確立した体制・制度」やそれを代表する「支配階級」のことを指します。アメリカにおいては、「白人」「アングロサクソン」「プロテスタント」などが、エスタブリッシュメントたる条件として挙げられることもあります。

より象徴的な意味での「アメリカの支配階級」とは、政治を金で操るウォール街（金融街）に代表される富裕層であり、操られている既存の政党（共和党及び民主党）ということになるでしょうか。その民主党の主流であり、国務長官の経験もあり、さらにはウォール街からの支持をも得ているクリントン氏は、まさにエスタブリッシュメントの筆頭であると言えるでしょう。

政治学では、政治を「エスタブリッシュメント間の抗争」といった捉え方もするのですが、アメリカの大衆は、こうした「エスタブリッシュメントによる政治」そのものに嫌気がさしているのです。アメリカ国民の政府に対する不信感を示す各種世論調査等の結果を基に、「トランプ氏とサンダース氏が支持されるのは、国の仕組みが破綻しつつあると考える人たちの焦燥感に関係する」という分析もされています。

このような状況を目の当たりにすれば、自分たちに都合が良い政治を行わせるお金持ちと、お金持ちに操られる政治家に反感を覚える人々が少なくないことも理解できるのではないでしょうか。自分たちの生活が苦しいのは、「お金持ちが自分たちの利益しか考えない政治をするからだ」と考えれば、自由を掲げるアメリカで「社会民主主義」を提唱するサンダース候補が支持されるのも理解できます。

また、自分たちの苦しい境遇に対して、不満を通り越して怒りを覚えている人たちや、絶望している人たちにとっては、トランプ氏の歯に衣着せぬ物言いが溜飲《りゅういん》を下げるものになっていることも、頷けるのではないでしょうか。

「自由」という理想と「格差」という現実

ここにきてアメリカも、理想と現実の葛藤に苦しんでいます。理想を追求してきた結果が、自分たちが求めるものとは異なる現実となって表れていると考えられているのでしょう。アメリカの理想の根源は、その「独立宣言」にあると言えます。「独立宣言」の中で、「全ての人は平等である」こと、「生命・自由および幸福の追求が、譲るべからざる権利として、造物主（神）から与えられている」こと、が謳われています。しかし、自由に幸福を追求したはずの政策は、全ての国民を豊かにすることができませんでした。自由は富める者をより富ませたのです。

アメリカは、「自由」という理想を追求してきましたが、そのために弱者が救済されず、貧富の格差が固定し広がるという現実に直面しています。理念としては「幸福の追求」が保証されているのに、実際には幸福になれないという現実に国民が怒っているのです。

トランプ氏やサンダース氏は、国民に不満が溜まっていることを背景に、その鬱憤《うっぷん》をはらし、これまでとは異なる手法で幸せになれることを夢見させたがゆえに、国民の支持を得たのだと言えます。また、トランプ氏は、「移民の受け入れに寛容で、人種差別がなく、世界一の多民族国家として繁栄するという米国流の理想は、犯罪を蔓延させ、アメリカ人の職を奪うという現実を生んだ」と主張して、広く移民に開かれていた門戸を閉じようとしています。政府が

「自由」や「人権」を制限してでもアメリカの利益を保護し、アメリカ国内で富の再分配を行うべきだと考える人が多くなったからこそ、トランプ氏やサンダース氏が支持を得ているのです。多くのアメリカ国民にとって、「自由」の強調は、一部の富裕層に恩恵を与えてきただけでした。

アメリカ国民は怒っています。選挙前にも、その兆候はありました。「上位1％の富裕層に米国全体の3割の富が集中している」とする、フランスの経済学者トマ・ピケティの著書、『21世紀の資本』がベストセラーになったのも、アメリカ国民の不満の種である経済格差を、明らかな形にして見せたからです。

しかし、上位1％の富裕層が富を独占していることは、それ以前から広く知れ渡っていました。2011年から始まった、「ウォール街を占拠せよ」という経済格差是正を訴えるデモ活動のスローガンは、“We are the 99%”(私たちは99％だ)でした。アメリカでは、1970年代の終わりから、「上位1％の富裕層が所有する資産」が膨張し続けているのです。

現在、米国民がその不満から怒りを露わにし、変革を求めていると話してきましたが、実は、オバマ大統領自身も変革を求める存在でした。オバマ大統領への支持が集まったのも、この弱者側からの訴えと無関係ではありません。政策面では、医療保険制度や年金制度、大学授業料、石油への依存度の改革などの具体的な課題を挙げると同時に、精神的には、建国当初のフロンティア精神へ回帰することを呼びかけました。荒れ地を一から開拓して豊かな土地にしていく姿勢を示すフロンティア精神は、既得権益を守るために汲々《きゅうきゅう》とするエスタブリッシュメントの姿勢とは正反対です。大統領選挙の間、オバマ大統領の主張は、グローバル資本主義には懐疑的で、国内労働者の保護を訴えるなどして、リベラルな政治姿勢とされていました。オバマ大統領は、弱者保護を進めようとしたのです。それにもかかわらず、実際にはうまくいっていません。

また、外交問題については「粘り強い直接外交を復活させる」とし、「明確な使命がない限り、戦地に軍を派遣することはない」と表明しましたが、結局、現在に至るまで、「テロとの戦争」は終結せず、アメリカは中東や中央アジアで戦い続けています。

オバマ大統領が掲げる、「戦争のないアメリカ、弱者が救われるアメリカ」という理想は、国際政治の現実、国内の既得権益層による抵抗という現実、という厚い壁に阻まれて、実現されないままでいます。アメリカでは、経済的に恵まれない人たちが、既存の政治に希望を見出せずにいて、その不満を解消してくれる指導者を求めているのです。

口にできない米国民の本音

アメリカで明らかになり始めた現実は、アメリカ国民に理想を捨てさせつつあるように見えます。その現実とは、金持ちはどんどん金持ちになり、貧乏人はいつまでも貧乏人のままである、ということです。

そして、現実に直面した結果、実は、白人は有色人種に対して、各有色人種は現在のアメリカ社会に対して、強い不満を持っていたのだ、ということも明らかになってきました。白人警官による黒人の射殺は、白人の「治安が悪いのは黒人のせいだ」という不満を背景にしているように見えます。黒人社会は、「アメリカ社会が、黒人に対して『犯罪者』というレッテルを貼っている」と反発しています。そして対抗するように、黒人による警官射殺事件なども起こっています。「自分が幸せになれないのは、誰か他人のせいだ、社会のせいだ」と考えた方が楽なのかもしれません。

メディアでは、こうした問題を人種差別の問題として報道しがちですが、実は、経済状況の悪化が直接影響を及ぼしているのです。とくに、リーマンショック以降、アメリカ社会では、白人警官による、黒人に対する理由なき取り締まりや過度の暴力などが問題になっていると言います。それに呼応して、黒人社会の反発も強くなり、実力行使も行われるようになったのです。アメリカ国内の経済状況の悪化が、治安悪化の原因にもなっていると言えます。その治安悪化は、社会に溜まった不満のはけ口でもあり、社会の不満を増殖させるものでもあります。

リーマンショックとは、２００８年9月15日に、アメリカの投資銀行であるリーマン・ブラザーズが破綻したことに端を発して、続発的に世界的金融危機が発生した事象を指しています。世界的に経済状況が悪くなったのです。日本のメディアによれば、アメリカ各州は、不景気によって歳入が減少することを避けるため、警察による交通違反の取り締まり等による罰金を増加させるように、警察等の機関に強く求めたと言われています。最初は、警察官たちは、上からの命令によって、黒人たちを厳しく取り締まり出したのです。

しかし、黒人たちに対する過度の取り締まりは、だんだんと習慣になっていってしまいました。人間とは、悲しいものですね。その結果、白人警官による黒人少年の射殺事件などが発生し、黒人が反発して暴動が発生するようになりました。

２０１４年8月9日にアメリカ・ミズーリ州ファーガソンにおいて、18歳の黒人青年マイケル・ブラウンさんが白人警察官によって射殺されたファーガソン事件は、そのうちの1つです。同地では翌8月10日から抗議行動が起こり、その後、暴動に発展しました。

ファーガソンでは、歳入の20％以上を、警察等が稼ぐ罰金に頼っていたと言います。ファーガソンの黒人たちは、「すでに、黒人対白人の問題ではない」と言います。「黒人対社会システム」だと言う人もいれば、「金持ち対貧乏人」だと言う人もいます。

さらに追い討ちをかけるように、近年最大のアメリカン・ドリームとも言われた「シェール革命」によるバブルがはじけてしまいました。エネルギーを輸入に頼ることなく、強いアメリカを取り戻すというアメリカの夢は、サウジアラビアの原油安誘導などによって夢のまま終わってしまったのです。夢の後に残ったのは、イスラム教徒に対する怒りだと言います。

社会に溜まる不満はさまざまな要素から生まれますが、その根っこには、経済状況の悪化に伴う、人々の自分たちの生活に対する不満があるのです。現在の政治では絶望的な現実を変えることができないと考えるからこそ、アメリカの人々が、現在の政治システムに当てはまらず、何かを変えてくれそうな、トランプ氏やサンダース氏に期待するのです。経済的な行き詰まりが、今アメリカ社会の中に強烈な不満として噴き出しつつあります。

「人種差別主義者」トランプ氏が煽る不満

トランプ氏は、メキシコからの数百万人の移民を「麻薬の売人やレイプ犯」と呼びます。また、イスラム教徒の移民を即時・無期限に禁止せよと発言して憚《はばか》りません。米国内ですら、人種差別主義者と呼ばれ批判されています。また、差別の対象は、人種だけにとどまりません。「若くていい女を手に入れれば、何を言われてもかまわない」あるいは、「軍隊内での性的暴行は予想どおり」などと堂々と発言する、女性蔑視発言の常習者でもあります。

このように、自分と異なる対象すべてに対して暴言を吐き、攻撃の対象としているのは、社会の底に渦巻く各種の不満や怒りすべてを煽ろうとしているのだともとれます。このような手法をもって、過去にも、独裁者あるいは権威主義的支配者が生まれてきました。

アメリカ国内にも、トランプ候補の危険性を危惧する声はあります。トランプ氏は、共和党の正式指名を受けた大統領候補であるにもかかわらず、共和党主流派の支持を得られていないのです。たとえば、2012年大統領選の共和党候補だったミット・ロムニー氏は、トランプ氏の発言を受けて、「人種差別主義が浸透していくのを見たくない」と述べています。さらに、トランプ氏の発言は米社会の一部に巣くう人種差別主義を増長させ「とても危険だ」とまで言ったのです。そして、2016年11月の本選では、トランプ氏に投票しないと宣言しました。

ロムニー氏だけではありません。ジョージ・W・ブッシュ前大統領とジョージ・H・W・ブッシュ元大統領父子もトランプ氏不支持を表明し、共和党がトランプ氏を党の大統領候補に正式指名した、共和党大会を欠席したのです。共和党の主流派が共和党の正式候補であるトランプ氏の不支持を表明する異常な事態だと言えます。

民主党の候補者選びで、本命とされるクリントン氏に食い下がったサンダース氏にしたって、掲げる政策は現在のアメリカにおいて、極めて過激なのです。「社会民主主義」という旗のもとに、これまで自由を掲げて富の獲得にまい進してきたアメリカの価値観を覆そうと言うのですから。そして、何より興味深いのは、民主党でサンダース氏を支持する人たちの中に、サンダース氏とトランプ氏が似ていると発言する人がいることです。

経済が行き詰まり、人々が不満を溜め、怒りの矛先を既存の政治システムや経済システムに向ける時、往々にして、強烈に変化を誇張する「強く見せようとする政治家」が支持されてしまうという現象は過去にも見られました。

あのヒトラーでさえ、選挙という民主主義的な手続きを通じて首相に選ばれ、ナチス政権が誕生したのです。強く見せようとする政治家や過激な政策を掲げる政治家が独裁者となって、国を戦争に巻き込んでいった歴史を、私たちは今一度認識しなければなりません。

今、過激な政治家が支持されているのは、アメリカだけではありません。ロシアも、経済が低迷するなかで「強いロシア」を掲げるプーチン大統領が強い支持を得ています。中国では、支持されているかどうかには議論の余地がありますが、習近平主席が、強権を発動して権力の集中を進めています。そして、ヨーロッパでも、移民の流入問題を契機に、イスラム教徒排斥等の過激な政策を掲げる政治家への支持が広がっています。

世界各国で、人々の社会への不満や怒りが噴出しているのです。私たちは人々が怒りを感じる不公平をどのように解消していくのかを考える必要があります。今まさに世界中が、理想と現実の狭間《はざま》に揺れているのです。

3　直視を避け続ける日本の「リアル」

日本の難民報道は真実を伝えているか？

一方、日本はどうなのでしょうか。

日本のメディアが報じる、ＥＵの難民問題に関するニュースをみて、みなさんは何を思うでしょうか。

テレビでは、海を越えてギリシャまでたどり着いた難民たちが、国境管理のためギリシャ国内に足止めされて厳しい生活を送る様子が流されます。子供たちは体調を崩し、母親は悲嘆にくれています。まだ、あどけなさの残る少年は、封鎖された国境の前で「ヨーロッパに行って、勉強をしたい」と話します。

こうした映像を見れば、多くの方が、「難民がかわいそう」だと感じるのではないかと思います。

もちろん、映像に映し出された状況は事実でしょう。ヨーロッパ各国が人道主義の理想を追求し、難民の受け入れに寛容だったのは、「難民が苦しんでいる」ということが事実だからです。

しかし、見る側によって、同じ出来事でも見え方は違います。ヨーロッパ各国にとって、難民は「かわいそう」だけで片付けられる存在ではありません。各国から見れば、生活の基盤のない難民たちが公園に住み着き、職に就けない難民たちが犯罪に手を染めるなどしたおかげで、自分たちの生活環境は損なわれてしまっています。

みなさんは、自宅の傍《そば》にある、これまで住民の憩いの場として利用されてきた公園に、ある日見知らぬ人がたくさん住み着いて自由に利用できなくなり、彼らが出すゴミ等によって悪臭が立ち込めたら、どうしますか。

それでも、「困っている人たちだから……」と我慢する人が多いかもしれません。しかし、あなたがその見知らぬ人たちに、さらにひどいことをされれば、同じことは言えなくなるはずです。

２０１５年の大晦日の夜、ドイツのハンブルグほか北ドイツ地域、およびケルンのケルン中央駅とケルン大聖堂前広場などにおいて、アラブ人・北アフリカ人を主体とした約１０００名によるドイツ女性に対する集団強姦・強盗・性的暴行事件が発生しました。

この事件を契機に、ドイツ国内でも、難民受け入れ反対の運動が激しさを増しています。ドイツは、2015年だけで110万人にも上る難民を受け入れました。あなたや、あるいは、あなたの彼女や家族が強姦されると考えたら、これだけの数の難民が自分の国に流れ込んでくることに対して寛容でいられるでしょうか。

他にも、ニュースを見ているだけでは見えにくい事実があります。実は、ヨーロッパに流れ込む〝難民〟の中には、本当の戦争難民ではない人たちがいるのです。戦争から逃げるためではなく、単純に仕事を探すために密入国する者が、後を絶ちません。さらに、難民を装って、テロリストたちが密入国していると言われています。本当の戦争難民に紛れ込めば、難民の流入に寛容なヨーロッパ各国には、簡単に入り込めるのです。

流れ込んだ〝難民〟や移民を、EUがいったんトルコに送還すると決めた背景には、これらの事情がありました。戦争難民かどうかをはっきりさせてから、EU各国に割り振る選択肢をとったのです。

ここまで話せば、難民を自国に迎え入れる難しさを少しリアルに感じてもらえたはずです。いざ、難民が日本に流れ込んできたら、レイプなど許せない、密入国して自分たちの国の金を取っていくのは許せない、もちろん、テロなど許せない、と多くの人が反感を持つことは容易に想像できるでしょう。

ただ、難民に対する反感自体は感情的なものです。そこには、非常に強い怒りの感情が含まれます。怒りにかられると我を忘れます。難民の受け入れ反対が、必ずしも、客観的な情勢分析の上で冷静に判断されたものではないことも考えなければなりません。難民が住民に与える悪影響についてお話ししましたが、真実は、さらに複雑でありうるのです。実は、「難民にレイプされた」と、嘘をついていたドイツの少女がいたことが報じられています。難民に対する社会の反感を煽るために、自分たちの主張に都合の良い根拠を捏造したのです。

しかし、ドイツのケルンで大晦日に発生した女性に対する集団暴行事件では、北アフリカやアラブ諸国出身の男に対して516件の刑事告発があったことは事実です。また、実は、これまでにも同様の事件が起きていました。とある研究者は、「これらの事実は、警察やメディアによって無視されてきた」と主張しています。

警察がレイプ事件を黙殺するのは「大量の移民・難民に対する批判に正当性を与えたくないからだ」とされています。スウェーデンでも同様のことが起こっていましたし、英中部ロザラムでは、16年の間に、何と1400人の少女がパキスタン系の男らに性的暴行を受けていたにもかかわらず、無視されてしまったのです。この事件では、独立機関の調査によると、警察と社会福祉当局が「人種差別的な見方を助長する」ことを恐れたため性的暴行の証拠を無視したと言います。

「多文化コミュニティーという船を揺らしたくない」ことが問題なのだという英国の政治家もいます。多文化主義はリベラル派が執着するものです。理想を追求するリベラリストも、理想に反する状況をつくり出さないために、情報操作していたのです。何が真実で何が捏造か、答えを出すことは容易ではありません。だからこそ、一面的な見方に陥らないよう、常に注意が必要です。

自らの生活が損なわれ、自分や大切な人たちが傷つくとすれば、反感を持つのは当たり前です。誰でも許せないことですから。しかし、その感情に任せて、難民を排斥してよいかどうかは、別の問題です。

判断をするためには、正しい情報を得なければいけません。まずは、報道されていることがどの程度正確なのか、ひとつの視点に偏っていないかどうかを考えなければなりません。その上で、他の視点からその事象を論じている報道や記事を探しましょう。

多くの事象が、簡単に、どちらが良いと判断できません。それぞれの立場は、考え方によって異なるのです。ましてや、感情に流されてしまっては冷静な判断はできません。このように複雑な状況であるからこそ、理想を裏切られた怒りではなく、正確な情報に基づいて現実を分析し、利益と損失を計算して、客観的な判断を心掛けなければならないのではないでしょうか。

難民受け入れを拒否し続けてきた日本

それでは、なぜ、日本では、人道主義的視点から難民問題を見ることが多いのでしょうか?
それは、一言でいえば「他人ごと」だからです。

今の日本は、かつてのヨーロッパ各国がそうであったように、難民によって引き起こされるシビアな現実に直面することがあまりありません。なぜなら、日本に住む外国人移民が少ないからです。なぜ少ないのかといえば、それは、日本という国が外国人移民を受け入れたがらないからに他なりません。

多くの外国人にとって、日本は、彼らが住むのに優しい国ではありません。そもそも、日本は、労働者、とくに単純労働者としての外国人の受け入れにとても消極的です。そして、労働者だけではなく、日本は、難民として認定されるのがとても難しい国でもあるのです。

2015年3月、複数の海外メディアが、日本の難民受け入れ数が〝世界最低〟だと報じました。法務省のデータによれば、2014年の日本の難民申請認定数は、難民申請者5000人の内、たった11人でした。一方、トップのドイツは、同じ2014年に10万人以上の難民を受け入れています。ドイツメディア『ドイチェ・ヴェレ』（DW）はこの様子を、「日本が人権よりも経済成長を優先してきた結果だ」などと批判しました。ドイツは、2015年にはさらにヨーロッパに流入した100万人を超えるシリア難民等の多くを受け入れています。そして、2016年も、ヨーロッパへの難民の流入は続いています。

国連では、難民とは「人種、宗教、国籍、政治的意見やまたは特定の社会集団に属するなどの理由で、自国にいると迫害を受けるかあるいは迫害を受ける恐れがあるために他国に逃れた人々」と定義されています。国連の難民に関する活動としては、国連難民高等弁務官事務所（UNHCR：United Nations High Commissioner for Refugees）が国連総会決議によって1950年12月14日に設立され、翌1951年1月1日に活動を開始しています。そして、同年7月には、「難民の地位に関する条約」が結ばれました。日本では、遅ればせながら1982年「難民の地位に関する条約・議定書」が発効し、国連のルールに則って難民を扱うことに決まりました。

日本が難民問題に関心を持つようになったのも、理想主義的な発想からではありません。「他人ごと」だった難民問題を無視できなくなったからです。

1975年、インドシナ三国（ベトナム・ラオス・カンボジア）が相次いで社会主義体制に移行したことによって、この体制の下で迫害を受ける恐れのある人々や新体制になじめない人々がボートで海上へ逃れたり（ボート・ピープル）、陸路隣国へ逃れたり（ランド・ピープル）したのです。これらの人々を総称してインドシナ難民といい、その総数は約144万人に達しました。その内約130万人がアジア地域の難民キャンプを経て、また、ボート・ピープルとして、アメリカ、オーストラリア、カナダ、そして日本などへ定住したのです。

日本は、こうして難民問題が「自分ごと」の問題となって、ようやく重い腰を上げて難民への対応に乗り出したのでした。しかし、日本政府の難民受け入れは、お世辞にも積極的とは言えないものでした。1989年、内閣官房インドシナ難民対策連絡調整会議事務局は、「政府として日本語教育や職業紹介など積極的に定住を促進する体制を整えていなかった」と述べています。日本政府の消極的姿勢もあって、日本への定住希望もさほど高くありませんでした。

やむをえぬ理由で流れ着いた難民に対してさえ、日本政府は「できるだけ定着してほしくない」という基本的姿勢で対応していたように見えるのです。その後、1990年に「出入国管理及び難民認定法」が改正され、難民の在留資格が「定住者」に統一されました。「定住者」とは、日本国内での就労もできますが、「法務大臣が特別な理由を考慮し一定の在留期間を指定して居住を認める者」と定められているとおり、期限付きで日本に滞在できる人のことを言います。5年を超えない範囲で、法務大臣が期間を定めるのです。日本は、難民として認定した後でさえ、その難民たちを期限付きでしか日本に住まわせようとしなかったのでした。

この日本の態度は、現在でも変わっていません。本書執筆時点である2016年、法務省によれば、日本で1～3月に難民認定を申請した外国人は2356人に上ります。このまま推移すれば、過去最多だった2015年1年間の7586人を上回り、年間1万人に迫るペースです。しかし、難民の受け入れ数は極めて少ない状況が続いています。難民と認定された人はこの3ヶ月間で、なんとたった1人。人道的な配慮で在留を認めた人まで範囲を広げても、13人に過ぎません。

日本人が難民問題の現実に向き合わずに済んできたのは、そもそも、日本が難民の受け入れを極めて厳しく制限してきたからなのです。この状況を指摘せずに、人道的な観点から難民問題を報じる日本のメディアは、片手落ちだと言わざるをえないでしょう。

日本の本音の「隠れ蓑」技能実習制度

難民には消極的な態度で臨む一方、高齢化が進み、労働人口を十分に確保するのが難しくなりつつある日本は、安価で単純労働に従事する外国人労働者は必要だ、と考えてきました。でも、正式に外国人を日本に迎え入れ定住させるのはいやだ。これが、日本政府の本音です。そして、政府の本音は、とりもなおさず日本社会の本音だとも言えるでしょう。

この矛盾する両方の要求をかなえる都合の良い仕組みを、日本政府が作っているのをご存じでしょうか。それが、「外国人技能実習制度」です。この「外国人技能実習制度」が今、海外で批判されています。

日本政府は、制度を紹介するホームページで「開発途上国等において、経済発展・産業振興の担い手となる人材の育成を行うために、先進国の進んだ技能・技術・知識（以下『技能等』という）を修得させようとするニーズがあります。我が国では、このニーズに応えるため、諸外国の青壮年労働者を一定期間産業界に受け入れて、産業上の技能等を修得してもらう『外国人技能実習制度』という仕組みがあります。この制度は、技能実習生へ技能等の移転を図り、その国の経済発展を担う人材育成を目的としたもので、我が国の国際協力・国際貢献の重要な一翼を担っています」とその理念を掲げています。

日本政府は、外国人や開発途上国に対して恩着せがましいことを言っていますが、実体はそんな立派なものではありません。制度を利用する外国人の多くは、何の技能等も得られない単純労働に就かされています。制度を利用したい日本企業等の多くにとって、「技能実習」の名前は口実だけで、ただただ、外国人を最低賃金ギリギリで動かせたいだけなのです。

関係者の話によれば、多くの外国人が、水産業や農業で、何の技能も得られない単純労働を強いられるだけでなく、劣悪な生活環境に置かれ、ひどい例では賃金の不払いすらもあり、一部の農家などでは、強制わいせつ行為も行われていたと言います。逃げようとすれば、「殺してやる」と脅迫される、などといった事案も生起していたというのです。

2013年4月には、広島県の江田島で、カキ打ち作業に従事していた中国人の実習生が、日本人経営者を含む8人の社員を殺害する事件が起こりました。この経営者は決して実習生に対してひどいことをしていたわけではありません。それどころか、よく面倒をみていたと言います。また、裁判所は事件と制度の問題の関連も否定しました。それでも、実習生が欲しいのは、家族として大切にしてもらうことではなく、何らかの技術であったり、収入であったりするのです。

法務省入国管理局は2015年1月に、同制度の見直しに関する有識者懇談会の報告書を得ました。これを受けて、2015年3月6日、「外国人の技能実習の適正な実施及び技能実習生の保護に関する法律案」及び「出入国管理及び難民認定法の一部を改正する法律案」が閣議決定されました。外国から、日本の外国人労働者に対する扱いを非難される状況を変えようという努力の一環だと言えるでしょう。

もちろん、やってくる実習生や、その制度を利用して本当に実習生を搾取する悪徳業者たちにも問題があります。しかし、実習実施機関である、「外国人技能実習制度」を利用する企業等に、安価な外国人労働者を使いたいという欲求がある限り、実際の状況はなかなか変わりません。外国の安い労働力を都合の良いように使いたいという本音を、開発途上国に対する国際協力・国際貢献という理想で覆い隠しているので、多くの日本人には、その醜い状況を目にすることが少ないのです。理想は、常に「本音を隠すために利用される」危険性を秘めています。

法務省入国管理局入国在留課によると、受け入れ団体や実習先から報告のあった失踪者数は、2014年に4851人にも達し、前身の「外国人研修・技能実習制度」(1993~2009年)の時代を含めて最多となりました。現行制度になった2010年は1282人でしたが、2011年以降は年々増加し、2013年は3567人でした。

「より収入の良いところに逃げた」という批判もありますが、もしそうだとしても、逃げ出したくなるほどに勤務条件が悪く、給与だけでなく技術も含め、彼らが求めるものが得られない状況にあるということは否定できないでしょう。このような日本政府の外国人政策があるからこそ、日本人の多くは、欧米のように難民や移民の問題を意識せずにいる、つまり、理想と現実のギャップに苦しまずにいることができているのです。

4　国家は理想と現実の間で嘘をつく

国家は何のためにあるか？

ＥＵを代表として、各国は２つの世界大戦を経て「価値観の共有」等の理想を掲げ、統合を進めてきました。しかし今、難民問題をはじめいくつかの国々は厳しい現実に直面し、再度、国家というものを意識しはじめました。協調の足並みが、崩れつつあるのです。

各国が、統合という理想に反して国家の枠組みを支持するのは、国家という枠組みが国民の不満を解消するために有効だと考えられるからに他なりません。なぜ、理想を掲げて統合を進めてきた各国が、再度、国家の枠組みにこだわるようになったのか。この問いに答えるためには、まず、国家とは何か、を理解しなければならないでしょう。

結論から先に申し上げると、国家は、経済効率を上げるための、つまりは国民がお金儲けするための枠組みとして形作られてきました。何か理念が先立ってできたものではありません。

みなさんにとっては、国民国家という形態は、あらためて意識するのが難しいほど当たり前のものでしょう。しかし、「国民国家」にも定義に幅があります。「均一な民族で構成される国家」という意味にしてしまうと、国民国家は現在では稀な存在となってしまいます。また、現在の形の国民国家が現れたのは、さほど昔のことではありません。

国民国家のシステムは、まず16世紀頃にヨーロッパで始まり、世界に広まっていきました。国民国家が現れる以前は、封建制度が、ふつうの統治の仕組みでした。

みなさんは、封建時代と聞くとその名前から、「絶対君主に服従する貴族たち」という構造をイメージされるかもしれません。しかし、封建時代において、領主や君主の権力は、実はさほど強大ではありませんでした。領土を管理していた封臣は、領主や君主と同等の権力を持っていたと言われています。領主や君主も、封臣も、同じ貴族階級に属していたからです。

君主は、他の貴族たちから貴族を代表する存在と認識されていたようですが、すべての貴族が無条件に君主に従ったわけではありません。封臣たちも、貴族として、その立場を尊重されて初めて、君主を支持したのです。

しかし、このように、君主や領主と臣下の関係が対等なシステムは、安定的ではありません。君主から見れば、忠誠を誓われたとは言え、封臣は、あくまで「自分と君主は対等だ」と考えている存在です。忠誠を誓うのも、条件付きでした。一方の封臣から見れば、領主・君主の力が強くなりすぎると、強引に自分たちの権利を脅かす可能性があるため、常に警戒していなければいけません。

このように相手を信じられない状況下では、協調は成り立ちません。この頃によく用いられたのが、「勢力の均衡」、いわゆるパワーバランスという考え方です。とくに、領主・君主以外の貴族たちにとって、領主・君主の力が強くなり過ぎないように封じ込めておくことは重要でした。

1500年頃には、この状況が変わり始めます。徐々に領主・君主の力が強くなっていき、パワーバランスが変わり始めたのです。これには、2つのきっかけがありました。ひとつは、大砲等の火器。ヨーロッパでは、1600年頃までには、すでに火器が普及していたのです。大砲を使用することで、これまで攻め落とすことが難しかった城を破壊できるようになりました。これはいわば「軍事の革命」とも呼べるものでした。

革新的な兵器は、国家間の関係を変化させます。政治を行うことを、外交でも内政でも、「ゲームをプレイする」と言いますが、相手を破壊できる兵器は、必ず「ゲーム・チェンジャー」に成り得るのです。現在に至るまで、国際関係や国際システムを変えてきたのは、新しい武器であり、戦争でした。何か高邁《こうまい》な理念だけが国際関係を変えるわけではないのです。

ひたすら「戦争は悪だ」と、半ばタブー視された教育を受けてきたみなさんには、少し想像しづらいことかもしれません。

もちろん、「戦争は悪だ」という教育そのものが間違っているわけではありません。誰もが、新しい兵器を恐れ、戦争は悪だ、戦争なんて起こしたくないと思うからこそ、国際関係が変化します。新しい兵器によって耐えられないほどのダメージを受けて、あるいは受けることを恐れて、やはり、「戦争は悪だ」と考えられたのだと言えます。

火器が発明されただけでは、パワーバランスに大きな変化はなかったかもしれません。領主・君主への権力の集中を促したもう1つの要因、それが2つ目のきっかけである商人層の台頭です。豊かになりつつあった商人は、領主・君主に権力が集中することを望み、財政的に支援したのです。領主・君主は、より多くの火器を装備し、他の封臣たちとの力の差をどんどん広げました。

なぜ、商人たちは、領主・君主に権力が集中することを望んだのでしょうか。ひょっとするとみなさんのイメージでは、商人は自由を求める人たちですから、絶対王政という統治システムとは相容れないように思われるかも知れません。

もちろん、商人たちが求めたのも、強制や抑圧ではありませんでした。彼らがほしかったのは、彼らが商売をする地域（これが「領土」の範囲になっていきます）における平和で安定した状況と、統一された「基準」です。

旅をして売買取引をする商人たちには、安全に旅ができる広大な領土が必要でした。そのためには、移動の自由をもたらす統一された社会制度も必要でした。さらに、どこでも使える統一された通貨、標準化された単位が必要でした。もし、みなさんの暮らしに「円」という基準がなく、グラムやメートル、リットルといった、量を量る単位が使われていない状態で、隣町に行ったら、買い物をするだけでも面倒でしょう。

今、みなさんが日本という国の中で生活していて、当たり前のように思っている基準や統一された社会制度は、強い中央集権がなければできませんでした。商人たちは、領主・君主に権力を集中させることによって、領土の統一と域内の各種基準の整備を進めさせたのです。

中央集権政府を持った国家の形成を促したのは、経済活動を効率的に展開したいと考えた商人たちの欲求だったといえるでしょう。国家は理想ではなく、あくまで経済的な理由から生まれた、ということがおわかりいただけたでしょうか。

「本音」を嫌う国民が政府に嘘をつかせる

国家は、経済的な合理性から生まれました。しかし、お金の話というのは、とかく国民に受けがよくありません。

たとえば、誰かが「人生はお金だ！」と言ったら、みなさんは、「なんて嫌なことを言うんだろう」と嫌悪感を覚えるでしょう。一方で、実際には多くの人が、お金がほしくないと思っているかというと、そんなことはないのです。ほとんどの人は、より多くのお金を持ち、より豊かな生活がしたいと考えています。しかし、多くの人が持っている現実的な考えであっても、誰かがそれを大っぴらに口に出せば、嫌な感じがしてしまう。

しかし、誰でもお金はほしいものです。とくに贅沢《ぜいたく》をしたいと思わない人でも、お金に最低限困らない暮らしはしたいでしょう。ここで、個人にとっての「お金」を国家にとっての利益（＝国益）と置き換えて、考えてみてください。

自分が暮らす国の政治家が、「お金のため」、つまり「自国が得するため」にだけ動くと発言すれば、多少なりとも嫌な感じがしてしまうでしょう。一方、「世界平和のため」とか「苦しんでいる人を助けるため」と言えば、ぐっと支持しやすくなるはずです。「人生はお金だ」よりも、「人生にはお金より大切なものがある」という理想的な考えの方が美しく、賛成しやすいのと同じですね。

みなさんが就職するときには就業条件を確認されると思いますが、給与はかなり気になるはずです。しかし、面接試験の際に、給与の高さを理由として述べる人は少ないのではないでしょうか？　志望動機を聞かれれば、多くの人は「給料が高いからです」とは言わず、「私が御社を選んだのは、〇〇の技術で世界をリードしていて、△△の分野で社会に貢献していることから、やりがいを持って仕事に取り組めると考えたからです」等々の答えを返すのではないかと思います。「お金より大切なものがある」と言う方が美しく感じられるし、実際にそう思いたい部分もあるでしょう。しかし、ひとたび入社すると、建前（理想）と現実のギャップに驚かされることになります。

民間企業の目的は、利益を上げることです。あえて嫌な言い方をすれば、お金を儲けることなのです。理想を語って入社しても、会社が利益を上げるために、みなさんが持っている理想を犠牲にしなければならないこともあるでしょう。そして、私の経験から言えば、みなさんが、将来、ヘッドハンティングされることになったら、そのときには、建前ではなく、まず、報酬の金額が示されます。新卒採用とは違い、現実的な話がされるということですね。

もちろん、国家と民間企業は違います。国家は、自らの経済的利益のためだけに存在しているのではありません。しかし、やはり、国家もお金を必要とします。それは、国王にしろ、政治家にしろ、国民の支持を必要とするからです。政治指導者の目的は、多かれ少なかれ、自らの政治権力を維持することにあり、そのためにはお金がかかります。

国民の生活が豊かになれば、国民は政治指導者を支持します。反対に、自分たちの生活が苦しくなれば、「政治が悪い」と言って、時の政府は支持を失います。日本政府が消費税の引き上げに慎重なのは、一時的に経済の状況が悪くなって、国民の支持を失うことが怖いからですね。

しかし、みなさんは、政治家が「お金儲けのために○○の政策を実施する」「利益のためには手段を選ばない」などと言うのを聞いたら、やはり反対するのではないでしょうか。人は、現実的である一方、理想も求めるものなのです。だから、国家があからさまに「お金儲けのための政策である」と言うことはあまりありません。外国に対して武力行使をする場合などは、とくにそうです。多くの人は、利己的な理由で他人を傷つけることを正しいとは認めません。少なくとも、そうでありたい、そうあってほしいと願います。

しかし、その利益が直接みなさんに関係しているとしたら、どうでしょうか。どうしても手に入れたいものが目の前にありますが、それを取ることは違法、あるいは倫理的に間違っているとします。どうしてもほしくて、何とか言い訳をつけて手に入れたいと思ったことはありませんか？　そのとき、もしも、先に言い訳のできる状況があったとしたら、どうでしょうか。

たとえば、あなたは就職の面接試験に遅れそうで、とても急いでいるとします。タクシーに乗れば間に合いそうですが、財布の中には小銭しかなくて、お金が足りません。そのとき、たまたま道端に財布が落ちているのを見つけました。中には、千円札が２枚、クレジットカードなどはありません。２千円あれば、タクシー料金に足りそうです。「拾得物」だとわかっていても、ほしくなること自体は否定できないでしょう。実際に「人生がかかった大事な試験だからしょうがない」と言い聞かせ、タクシー代に使う人もいるかもしれません。

人は、規則を破ってでも自分の欲求を満たしたいと思うことがあります。そして、他人から非難されないとわかれば、規則を破るハードルは下がります。「他人が見ていない」、あるいは、「言い訳が可能」な場合です。

国家も同じです。どこかの国と戦争し、その戦争に勝てば、自分の国がもっと大きな利益を得られると考えれば、戦争をしたいという誘惑にかられます。そして、その戦争に勝てる見込みが高いと考え、しかも、戦争を起こしても国際社会から耐え難いほどの非難を受けないと考えたら、戦争を起こしたいという誘惑から逃れることがなお難しくなります。

すべての戦争は「自衛のため」に行われた

みなさんは、これまで起こった戦争がすべて「自衛のための戦争だった」ことをご存じでしょうか。直感的に「そんなはずはない」と思われるかもしれません。でも、これまで戦争を起こした国は、すべて「自衛のための戦争」と言ってきたのです。国際社会から「侵略戦争」だと定義されるのは、いつも戦争に負けた後のことです。敗戦国は、もちろんそれを受け入れなければなりません。

戦争は「自国の安全が脅かされている」という危機意識に基づいて起こされてきたのです。カッコつきにしたのは、必ずしも客観的にそうであったのではなく、戦争を始めた国家が、外国の「脅威」をその正当化のために利用することがあるからです。

もちろん、本当に自国の領土が侵略されたり、その危機に瀕《ひん》していたりすることもあるでしょう。しかし、自国の経済利益を拡大するため、という利己的な目的に基づく戦争であっても、それは「自衛のための戦争」と理由づけられて始められます。もしも「自国の石油会社が現地での石油採掘利権を取るために戦争する」と言ったら、国民の多くがこの戦争に反対するだろうからです。それに、国際社会もそうした利己的な理由で戦争を起こすことを許しません。国際社会は、「自衛のための戦争」しか許さないのです。だから、どのような国家でも、「侵略してやる」と言って戦争を始めたことはありません。

国家は、自衛のためであったり経済的利益のためであったりと、さまざまな理由で戦争をしたいと考えることがあります。しかも、国家が、戦争の動機を正しく国民に伝えているとは限らないのです。

そんな状況を認識したうえで、日本という国が国際社会の中でどのような立ち姿であるべきか、戦争をすべきなのかを決めるのは、国民なのです。そうです。みなさん一人一人が考えて、決めなければなりません。

第2章

リベラリズムとその限界

1　リベラリズムとは何か？

「国家は協力し合うことが可能」と信じるのがリベラリズム

普通、国際関係の教科書は、リベラリズムの説明をする前に、リアリズムを教えます。リアリズムとは、一言でいえば、「国家はパワーと安全を求める」ことを前提として国際情勢を分析する考え方です。国際関係の理論は、長い歴史を持つ西欧の政治思想であるリアリズムによって、支えられてきました。そしてリアリズムを批判する形でリベラリズムが興り、双方が、その不足を指摘しながら発展してきたのが国際関係論の歴史でした。

しかし、本書では、議論の展開の順は逆になりますが、リベラリズムから説明します。なぜなら、リベラリズムの考え方が、今のみなさんの考え方に沿っているように思うからです。そして、リベラリズム的な考え方は、理想と現実の間の葛藤が少ない日本だからこそ可能なのだ、という点も第1章では指摘してきました。

みなさんが信じる世界観がどのようにして出来上がってきたのかを理解した上で、その世界観だけで戦争を回避できるのかどうか、考えていきたいと思います。

実は、リベラリズムは、統一されたひとつの思想を持っているわけではありません。一口にリベラリズムといっても、さまざまな考え方があるのです。ただ、リベラリズムの世界観にはある共通点があります。それは、国際社会は無政府状態（アナーキー）であっても、「国家は互いに協力し合うことが可能である」と考えることです。

ここでいう「無政府状態（アナーキー）」とは、まったくの無秩序や混沌（カオス）とは違います。アナーキーとは、簡単に言えば、「ルールの遵守を強制する権威や力が存在しない」状態を指します。私たちの日常生活で考えれば、アナーキーとは「警察がいない社会」です。リベラリズムとは、警察がいなくとも、国家は協力し合うことによって共存し、ともに繁栄することができると考えるものなのです。

ここで「そのとおりだ」と、頷いていらっしゃるみなさんも多いかもしれません。リベラリズムは、第一次世界大戦後、そのあまりの悲惨な結果から、二度と戦争を起こしてはならないという考えを基に、理想主義として発展しました。「国家が協力し合うことが可能である」という考え方は、「戦争を起こさないために、国家が協力し合わなければならない」という必要性が先にあるとも言えるのです。

リベラリズムは、どうすれば国家が協力し合えるのかを、さまざまな観点から議論します。だから、いろいろな考え方が生まれてくるのです。第一次世界大戦後は、国際法や国際機構、世論による戦争回避などを重視した理想主義の議論が展開されました。しかし、第二次世界大戦を止めることはできませんでした。それまでの議論では、戦争回避には不十分だったのです。

そして、第二次世界大戦が終わり冷戦が始まると、リベラリズムが力を失うと同時に、もう一度、リアリズムが見直されます。米国とソ連、西側と東側が、核兵器を頂点とする軍事力をもって対峙《たいじ》しながら、米ソ両大国の戦争が起こらなかったからです。冷戦構造は、まさに「勢力の均衡」というリアリズムの基本となる考え方に沿っていると考えられました。

しかし、一方でリベラリストたちは、「なぜ西側諸国の間で平和で安定した関係が保たれたのかについて別の理由を考えました。安全保障共同体や相互依存、国際レジームといった存在が大切な役割を果たしているのではないかという議論が展開されました。ここで特徴的なのは、戦争を避けるために、軍事力による均衡だけでなく、国際貿易や国際金融といった経済の分野や、環境及び人権までも含めて議論に取り入れられたことです。これは従来のリベラリズムにはあまりない視点でした。

「国際レジーム」というのは聞き慣れない言葉かもしれません。国際関係における政治的・経済的な問題を管理し、システムを安定させることを目的とした、ルールや政策決定の手続き全体を指す言葉です。

こうした領域を議論に取り入れることによって、国際社会で活動するアクターとして、国家だけではなく、個人や企業、NGOなども考慮されることになりました。貿易や金融、環境、人権といった領域を含む国際レジームを考える際には、国家の役割だけでは十分に説明できなかったからです。これも、国際社会における国家の役割を重視するリアリズムとは、大きく違う点です。

相互依存で戦争は避けられるのか?

リベラリズムにおいては、戦争回避の鍵として「相互依存」が重要だと考えられてきました。「相互依存があれば、国家は戦争を起こすデメリットが大きくなるため、戦争を回避する」というわけです。私は、この意見については賛同できません。

もちろん、経済的に依存している国と戦争をしたいとは考えにくいでしょう。相互依存が、両国に対して、衝突を避けるインセンティブを与えることは否定できません。しかし、それでも、経済的相互依存関係にある国々の間でこれまでも戦争は起こってきましたし、これからも起こり得るのです。相互依存の有効性は認めつつも、それが「決定的」な要因にはならない、というのが私の立場です。

実際に、国際関係の世界でも、経済的なつながりだけでは戦争は防げないと考えられてきました。18世紀のヨーロッパでは、ヨーロッパで戦争を起こさないために、「ヨーロッパという コモンウェルス」という考え方がありました。「コモンウェルス」とは、元々、「共通善」や「公共の福祉」といった意味で使い始められた言葉ですが、その後、国家や公益目的で組織された政治的コミュニティー等も意味するようになります。「ヨーロッパは共通の価値観を持つ統一された地域である」というのです。その理由づけとして、ヨーロッパを覆う「キリスト教、君主制的統治原理、ローマ法の遺産、ゴート(ゴート族とは「大移動」等によって西ヨーロッパ世界の形成に大きな影響を与えたゲルマン系の民族)的習慣」などの共通の価値観をことさら強調しました。こうした考え方が必要とされたのは、商業的なつながりだけでは、戦争を回避するためにはあまりにも心細いと認識されたからなのです。

リベラリストたちは、「経済的な相互依存は戦争防止に役立たない。第一次世界大戦が良い例だ」というリアリストの意見に対して「現在の世界には国際的な貿易協定があるから、第一次世界大戦の頃の世界とは違う」という議論を展開することがあります。

第一次世界大戦の頃は、貿易による相互依存は存在していたが、貿易協定がなかったために、状況が今後どう変わるかがわからず、戦争回避の効果が低かった、ということです。

しかし、もし貿易協定が結ばれていたら、戦争は回避できたのでしょうか。経済相互依存に、そもそも戦争を抑止する効果はあるのでしょうか。また、あるとすれば、どのような条件下で、その効果は発揮されるのでしょうか。

一般的には、A国がB国に対して経済依存が深い場合、A国がB国に対する戦争を躊躇《ちゅうちょ》するという効果があると考えられます。A国は、B国との経済関係から得られる利益を失いたくないと思うからです。

しかし、経済相互依存の状況は、必ずしも両国に対して同レベルの利益を与えているわけではありません。いかに相互依存が深くても、その経済的な力関係に差がある以上、双方が満足できる状況をつくり出すのは難しいのです。もとより双方が対等な恩恵を得られるように考えられた関係であっても、結果として、双方が同等の恩恵を得られることはなかなかありません。

また、成熟した先進国においては、発展することによる経済構造の変化はあまり大きくないかもしれませんが、今まさに発展を遂げている最中の国家は、経済構造の改革などを経なければ、経済発展を継続することはできません。たとえば、経済発展を遂げようとする国は、一般的に、農産物や鉱物資源等の一次産品を輸出して加工品や工業製品を輸入することから始まり、次に、安い労働力を背景にした労働集約型の工業生産を行うようになります。さらに経済発展し、国民の生活が豊かになって労働賃金が上がってくると、技術集約型の工業生産に移行しなければなりません。その次に、サービス産業が発展して雇用を創出していく必要があります。こうして、国内の経済構造が変わっていかなければ、経済発展を継続することはできないのです。そして、国内の経済構造が変わるということは、「他国に求める経済関係は国の発展段階によって変化する」ことを示しています。

不満を生む経済相互依存

以前、東南アジア各国の外務省の方たちと話したことがありました。その時に感じたのが、東南アジア各国が、日本を含む先進国との経済関係に、変化を求めているということです。日本は、インドネシアの高速鉄道建設の受注に失敗しました。もちろん、日本が受注できなかった背景にはさまざまな理由があります。しかし、インドネシア外交官から聞いた話によれば、彼は「インドネシアは、日本の鉄道技術に期待していた」と言います。日本の新幹線技術を導入したかった、というのです。それでも、インドネシアが日本を選ばなかったのは、「日本がその技術をインドネシアに提供する気がない」と気づいたからだそうです。

日本側は、インドネシア訪日団に対して時刻表を見せ、「日本は、3分間隔で列車を運行できる」とその技術を誇り、インドネシア側は、その技術に大変期待しました。しかし、日本側は、なぜ3分間隔で運行できるのか、その技術やノウハウについて、紹介してくれなかったのだそうです。この姿勢にインドネシア側は大変失望したのだと言います。さらに、政府による債務保証も求められ、「日本は、いつまでもインドネシアを後進国だと思っている」と感じたのだそうです。

これは、あくまでインドネシア側の話なので、本当にこのとおりだったのかどうかはわかりません。もちろん、日本側にも言い分はあるでしょう。ただ、彼が話したのと似た内容は、他の東南アジア諸国の外交官からも聞くことがあります。日本が東南アジアの国々を見下している、と。

東南アジアのいくつかの国は、日本との経済関係に不満を持ち、次の段階に進めたいと思っています。「我々はいつまでも、ベルトコンベヤーの末端でいるわけではない」と彼らは感じているのです。

発展途上国に製造させた部品を輸入して製品を組み立てている先進国は、相手の国が、いつまでも自国の下請けとして安い価格で部品を提供し続けることを希望します。しかし、発展途上国は、まさに経済発展の途上にあるのですから、いつまでもベルトコンベヤーの末端でいたいとは思いません。発展途上国も、経済発展に伴って、徐々に製品自体の製造に近づきたいし、技術だって移転してほしいのです。

つまり、発展途上国は先進国に対して、経済相互依存のあり方を変えてほしいと望みます。発展途上国内での経済構造は、自国の力だけでは変えられません。なぜなら、先進国が変化を経験した時代とは異なり、すでにグローバル経済において、部品から製品の製造までが1つの国の中で完結していないからです。それゆえ、先進国が発展途上国との経済関係を変えようとしなければ、発展途上国内の経済構造はそう簡単には変わらないのです。

一方の先進国も、安い部品を入手できなければ製品は競争力を失い、また経済関係が変わって安い労働力を背景に低価格の商品が発展途上国から大量に入ってくるようになれば、国内産業を圧迫するようになります。

このように、経済相互依存が存在しても、双方の経済状況をきちんと考慮しなければ、いずれはどちらかが不満を持つようになります。秩序や枠組み、ルールは、状況によって常に変化させていかなければなりません。双方が満足した状況を保ち続けるのは、非常に難しいのです。

一般的に、大国でない国々は、単独で国際秩序や地域秩序に実力をもって挑戦することはありません。挑戦しても勝利する可能性は低く、自分たちが望むものが手に入らないことを理解しているからです。そして、さらに大きな理由は、とある国と満足いかない関係にあるのならば、別の相手で代替ができるということです。

しかし、これが「台頭する大国」であったらどうでしょうか。

経済発展する大国は、最初は、製造業でいえば組み立てなどベルトコンベヤーの末端の仕事から始めるでしょう。しかし、経済発展に伴って、生産量はどんどん膨れ上がり、海外でよりたくさんの製品を売らなければならなくなります。また、国内の経済構造の改革によって、他国との経済関係に求めるものも変わってきます。

大国の貿易量は巨大であるため、ある国との経済関係が好ましくないから別の国と新たな経済関係を築く、といった代替案はありません。より多くの国と、自らにとって都合の良い経済関係を構築しなければならないのです。

しかし、ここで問題になるのが、すでにそれら多くの国々と経済関係を築いている「既存の大国」の存在です。世界経済の成長率は、高度経済成長を遂げている国のそれにはるかに及ばないため、「台頭する大国」は、「既存の大国」の経済的利益を奪うことになります。「既存の大国」は、自国の経済的利益を守ろうとするでしょうし、「台頭する大国」は、「既存の大国」

に自国の発展を妨害されていると考えるかもしれません。ここまでの話を聞いて、みなさんはすでに大国のイメージを具体的な国として思い浮かべられたかもしれません、そう、「台頭する大国」中国と「既存の大国」米国です。実際に、現在の中国は米国が中国の発展を妨害していると考えています。

双方がこのように考えれば、既存の大国と台頭する大国の間では、どうしても緊張が高まってしまいます。貿易協定などの経済ルールや経済秩序が存在しても、それはあくまで「既存の大国」を中心にしてつくられたものです。発展途上国がそのルールや秩序に挑戦しないのは、不満がないのではなく、その能力がないからです。

このとき、「台頭する大国」が、「既存の大国」に対抗できるだけの軍事力を身に付けたと考えたらどうなるでしょうか？「台頭する大国」は、「既存の大国」が手を出せないと考えれば、より挑戦的になるかもしれません。逆に、「既存の大国」が「台頭する大国」が十分な軍事力を持つ前にこれを阻止したいと考えたら、戦争は単に想像の中だけのことではなくなります。

「囚人」の学習で戦争は避けられるのか？

先に、リベラリストの間に「第一次世界大戦の頃は、貿易協定がなかったために、当時は貿易によって相互に経済依存していても、近い将来には状況がどのように変わるかわからず、相互依存による戦争防止の効果が低かった」という議論があるという話をしました。これは、言い換えれば「将来の状況がわかれば、相互依存は戦争防止の効果を持つ」ということです。このことを説明するのに、その前提となる理論のお話をしなければなりません。

みなさんは、「囚人のジレンマ」というゲームをご存じでしょうか？「別件でそれぞれ逮捕されて収監されている2人の囚人が、共犯者としてある別の事件の取り調べを受けている。2人とも容疑を否認すれば刑期は1年。しかし、自分が否認して相手が自供した場合、相手は釈放され、自分の刑期は、2人とも自供したときよりも重い、10年になってしまう。反対に、自分が自供して相手が否認すれば、自分は釈放され、相手の刑期は、同じく10年となる。ただし、2人とも自供すれば、2人ともに刑期は5年となる」という状況の中で、「囚人は自供するか否認するか」を問うものです（次ページ図）。

2人とも否認すれば、刑期は1年で済むわけですから、それぞれにとって比較的よい結果が得られると言えるでしょう。しかし、自分には、もう一人が自供するか否認するかわからないのです。もし、もう一人が否認すれば、自分が自供することで釈放されるかもしれません。また、自分が否認しているのに、もう一人が自供すれば、自分の刑期は長くなってしまいます。

囚人は、自分の利益だけを考え、さらに共犯者のことが信じられず、結局は2人とも自供し

囚人A＼囚人B	否認	自供
否認	A：懲役1年 B：懲役1年	A：懲役10年 B：釈放
自供	A：釈放 B：懲役10年	A：懲役5年 B：懲役5年

てより長い5年の刑期に服することになってしまう。これが、「囚人のジレンマ」です。そして、この「囚人のジレンマ」は、リアリズムにおける「安全保障のジレンマ」を説明するときにも使用されます。相手の意図がわからず、相手のことが信用できないために、最良の結果が得られる手段でないことがわかっていても、予防措置として別の手段をとってしまう、というところがこの「囚人のジレンマ」において重要なポイントです。

「安全保障のジレンマ」とは、ある国が単に自国を防衛するために軍事力を増強しても、他国からは「脅威が高まった」と認識されてしまうために、不安を覚えた相手国が必然的に軍事力を増強してしまう状況を指しています。「自国防衛のための行動が、結果的には自国の安全を高めない」という形になってしまうのです。お互いに好意を抱いている男女の間でも、相手の気持ちがわからないがゆえに、好かれようとしてとった行動が誤解を招き、「相手は自分を嫌いなのだ」と信じ込み、それが憎しみに発展する、というテレビ・ドラマのようなストーリーも、これに似ているかもしれません。

さて、話は第一次世界大戦に戻ります。なぜ、「将来の状況がわかれば、相互依存は戦争防止の効果を持つ」と一部のリベラリストは考えるのでしょうか？

先ほどの「囚人のジレンマ」の設定を変えて、このゲームを何回も繰り返すとしましょう。

そうすると、ゲームを繰り返すうちに協力した方が得であることを学習していくはずです。

これを国際関係にあてはめれば、「自国の利益を追求する国家であっても、将来にわたって同じゲームを繰り返すことが約束されていれば、他国と協力する」という結果が導かれます。これは「未来の影」と呼ばれ、リベラリストが相互依存による戦争回避を主張するひとつの論拠となっています。

国際関係で「未来の影」が難しい理由

しかし、本当に「未来の影」は有効なのでしょうか。実際の社会では「囚人のジレンマ」のゲームを繰り返すこと自体、とても難しいのです。

「未来の影」には、「囚人のジレンマ」のゲームを繰り返せるという前提が置かれています。たしかに、先の男女の例でいえば、繰り返し会う機会を作ることができれば、誤解が解け、いずれ愛し合うようになるかもしれません。

しかし、囚人たちは、恋人たちのように学習するのでしょうか？　もとい、国家は、「協力した方が得だ」と認識するようになるのでしょうか？　それは、難しいのです。なぜなら、恋人たちは相手に対する無償の「愛」によって行動します（そうであると信じたいのです）が、国家は国益（損得）によって動くからです。これも、理想と現実のギャップかもしれません。

たしかに、貿易協定があれば、将来にわたって、現在の経済関係が維持できることが予想されます。現在得ている経済的利益に満足していれば、どちらも、現状を変更しようとはしないでしょう。しかし問題は、先にも述べたように、国家が必要とするものは経済発展の段階によって変化することです。現在プレイしているゲームの中で協力することによって得られる利益に満足できなくなったら、不満が大きくなった側がゲームのルール自体を変えたいと考えるかもしれません。

実際、いま「台頭する大国」中国の外交部は「現在の国際関係は、不公平が突出している」と公言しています。現在プレイしているゲームで得られる利益では不足であり、それは、ゲームのルールが中国にとって不公平なようにできているからだ、というわけです。

そして、２０１５年９月３日の軍事パレードの際、習近平主席はその講話の中で、「中国は、公平とウィン・ウィンの関係を中核とする『新型国際関係』を積極的に構築する」と宣言しました。公平とウィン・ウィンの関係を中核とするのが「新型」であるということは、現在の国際社会は公平でもウィン・ウィンでもない、と中国が認識していることを示しています。そして、「中国にとって「公平」な国際関係を創るとトップが公言したのです。

もちろん、中国以外にも、現在の国際秩序に不満を持っている国はたくさんあります。ほぼすべての国が、国際的な何らかの仕組みやルールに対して、何がしかの不満を持っていると言ったほうが正しいかもしれません。簡単に言えば、みなが完全に満足できる取り決めはないのです。みなさんも、みなで決めたことであれば、少しの不満があっても、我慢してそれに従うのではないでしょうか。みなで決めるというのは、必ずしも多数決であるとは限りません。人気のある人が言えば、みな、従うかもしれないからです。しかし、いずれにしても、みながそうしようと決めたことに反対すると、ケンカになる可能性があることは同じでしょう。みなさんがみなと一緒に行動するのは、我慢できる程度の不満であれば、「我慢せずに他の仲間と喧嘩する」より、「仲間と決めたとおりに一緒に行動する」ほうが得られるものが多いと考えるからではないでしょうか。みなが少しずつ不満を持っている。でも、みなが一緒に行動していた方が得るものが多い。これが、「安定した秩序である」ということなのです。

元アメリカ国務長官で国際政治学者であるキッシンジャー氏は、このことをうまく説明しています。「国際的な講和というものは、たとえそれが強制されたものでなく、受諾されたものであっても、常に、いずれの当事国にとっても、何かしら不条理なものと映るのである。逆説的であるが、当事国がみな少なからず不満を持っているということが、安定の条件なのである。

なぜならば、仮に、いずれかの国が完全に満足するとすれば、他の全ての国々は、完全に満足しないことになり、その結果、革命的状況をもたらすことになるからである。安定秩序の基礎は、関係当事国の相対的な安全——したがって相対的な危険を意味する——にあるのである。その安定とは、不満がないということを意味しているのではなく、その不満を講和がもたらした枠組みの中で調整をしていこうとせずに、その講和自体を破壊することに救済方法を求めようとする程の大きな不満がないことを意味しているのである。すべての主要大国によって受け入れられている枠組みをもつ秩序というものは〝正統性〟があるのである」と言うのです。

しかし、この安定した秩序の中で、不満をどんどん募らせる大国があったとしたら、安定は崩れていきます。その不満が高まり、現在の秩序を破壊しても、その不満を解消したいと考えたときに、戦争は起こるのだと言えます。

各国が将来にわたって協力するという状況は、参加している全ての国が、現在のゲームで得られる利得に満足しているときにだけ生まれます。囚人は学習するでしょう。しかし、学習の結果は、必ずしも「協力」という行動にならないということを私たちに教えてくれているのです。反対に言えば、囚人たちに協力させようと思えば、彼らが満足する利得を用意する必要があるということです。

制度をつくれば戦争は避けられるか？

戦争を回避するための制度をつくるのは容易ではありません。先ほど、すべての参加者が少なからず不満を持っている状態が安定している状態だ、とお伝えしました。でも、いったいみなが均等に不満を持つルールとはどういうものなのでしょうか？　これを決めるためには、長い議論と忍耐が必要です。なぜなら、参加者はみな、少しでも自分の利益を大きくできるようなルールにしたいと考えているからです。言い換えれば、みな少しでも自分の不満を小さくしたいと思っています。

ルールを決めるための話し合いをしている間は、参加者はすでにある現在のルールに従って、ゲームをプレイしなければなりません。外交や貿易といったゲーム自体を中断することはできないのです。

現在のゲームのルールに強い不満を持つプレイヤーがいれば、そのゲームでは反則が増えるかもしれません。その反則の最たるものが、暴力です。思いどおりにならなければ、他のプレイヤーを脅し、あるいは殴るなどして、ゲームの結果を変えてしまう。あるいは、嫌がる人たちを脅して、最初から自分に有利なルールのゲームに、無理やり参加させるといったこともあります。

もちろん、理想論を言えばそういう人にも、ルールを守らせるべきでしょう。でも、その人は、自分よりはるかにケンカが強いのです。先生も警察もいません。それでも、みなさんはその人に「ルールを守れ」と言えるでしょうか？　もし勇気を持ってそう言ったとしても、その人は言うことを聞かず、みなさんを殴るだけかもしれません。

ここで言う暴力とは、国際社会で言えば、軍事力の行使であり、戦争です。これまで、私たちの先人は、戦争を起こさないために知恵を絞ってきました。慶應義塾大学の細谷教授は、国際社会の秩序原理を、「勢力均衡の体系」、「協調の体系」、「共同体の体系」という3つに分類しました。

「勢力均衡の体系」とは、力と力が均衡することにより国家間関係の安定が築かれて平和が可能になるという考え方に基づく国際社会のシステムです。基本的には、パワーという概念を用いて、軍事力や主権国家を中心に国際政治を考える、リアリズムの考え方に基づいた国際秩序であると言えます。

「協調の体系」は、さらに安定を求めるため、国家を単純に「パワーと安全を求める」だけのアクターとは考えず、国家間には共通の利益があると考え、それを実現するために、国家は利害の調整が可能であると考えます。「協調の体系」には、国家間関係が相互依存の上に成り立っているとするリベラリズムの考え方が取り入れられています。この「協調の体系」は、単独で用いられることはなく、「勢力均衡の体系」という基礎の上に、安定をより強化するものとして、登場しました。

「勢力均衡の体系」だけでは不足とし、「協調の体系」という考え方が生まれた背景には、ナポレオンの存在がありました。

現在では英雄視されることの多いナポレオンですが、当時は、軍事力をもって国際秩序を作り変えようとする破壊者でした。フランス革命後に「国民軍」の概念を持ち込み、戦争の様相を変えてしまったナポレオン率いるフランスに対し、王侯貴族による支配を継続していた、イギリスを始めとする周辺国家は、自分たちの価値観や文化と相容れないフランスの拡大を止め、自分たちの価値観に基づく「君主制的統治原理」や国際秩序を守ろうとして、同盟関係を構築します。「共和主義」や「自由主義」を掲げ、ナショナリズムを煽ったナポレオンは、それまでの王侯貴族にとってみれば秩序の破壊者だったのです。他のヨーロッパ諸国も、既存の国際秩序を守るために結束を試みました。

ナポレオンは高級貴族ではありませんでしたから、そもそも、他のヨーロッパ諸国の王侯貴族と「共通の価値観」など持っていませんでした。まったく違った価値観を持ち、しかも、国民を動員することによって強大な軍事力を得たフランスの戦争は、これまでのヨーロッパのルールに従えば、「反則」だったのだと言えます。フランスを除くヨーロッパ各国は、ヨーロッパの秩序の崩壊を恐れ、イギリス、オーストリア、ロシア、プロイセンの四大国で同盟体制を築きました。結局ナポレオンはロシア遠征に失敗し影響力を失うのですが、同盟国は、それまでの単純な「勢力均衡の体系」がナポレオンの前に崩れ去った経験を汲《く》んで、秩序維持のための新たな取り組みを実行しました。それが、四大国にフランスを加えた五大国による「協調の体系」の構築だったのです。「第一級の大国」と考えられた五大国が、単なる勢力均衡の考え方を超え、ヨーロッパの平和と安定に責任を持つことによって、戦争を回避しようと考えたのです。この五大国による「協調の体系」は「ウィーン体制」とも呼ばれます。

当時の「世界」とはまさに「ヨーロッパ」のことであり、五大国の協調を支えた「共通の利益」とは、「王侯貴族による君主的統治原理」でした。

しかし、「協調の体系」もまた戦争を防ぐのに十分なものではありませんでした。第一次世界大戦が起こるのを止めることができなかったのです。こうして、「協調の体系」よりもさらに協調関係を制度化し、深めていくために「共同体の体系」が考えられました。「共同体の体系」では、国家以外にも、国境を越えて活動するさまざまなアクターも考慮し、国際秩序を1つの「共同体」として考えます。

「共同体の体系」はなぜ難しいか

しかし、この「共同体」をつくり出すことは容易ではありません。この「共同体の体系」という考え方は、単に各国が、「共通の価値観」を持つだけにとどまらず、制度として、共通の法体系や常設の機関を設置することを求めるものです。このような「共同体」が実現できるのかどうかは、現在でも議論があります。できるという人、できないという人の間で、結論は出ていません。しかも、現在では、「世界」はヨーロッパのことではなく文字どおり世界全体を指すようになりました。ヨーロッパの王侯貴族たちが持っていた「共通の価値観」もなく、文化的紐帯《ちゅうたい》もありません。それぞれの地域や国によって、価値観も考え方もバラバラです。

「共同体の体系」の考え方は、国際秩序を根底から革新しようと試みる革命主義であるという捉え方もあります。国際的な「共同体」を構築するということは、一部ではあっても各国の権利を制限する、とても難しい試みなのです。伝統的なリアリズムの観点から、アイデアリズム（理想主義）であると位置づけられるのも、国益を最大化したいという国家の自然な欲求に反するものだからです。

それでも「共同体」構築の努力は、二度の世界大戦を通じて、一貫して続けられてきました。

もう二度と戦争を起こしたくないと考える欧米の政治指導者たちは、戦争を起こさない仕組みとして「共同体」構築を模索してきたのです。

第一次世界大戦後に設立が試みられた「国際連盟」は、その理想を実現できませんでした。各国のエゴイズムによって国際秩序が瓦解《がかい》したとも言われます。しかし、第二次世界大戦後そのまま残った「連合国（国連＝国際連合）」は、冷戦構造によって世界大戦が抑えられた結果、現在まで生き残り、さまざまな国家間の取り決め（国際法や条約など）を交わし、紛争を仲裁する機関や、国際的な問題に取り組む機関を設立してきました。

しかし、現在国連も、その存在意義を問われる事態になってきています。国際社会の内外から、価値観を共有せず、不満を高める国や組織が、暴力を用いて国際社会のルールを変えようとし始めたのです。国家で言えば、ロシア、組織で言えばＩＳといったテロリストがその一例です。

経済的に苦しい状態を抜け出せないロシアでは、高圧的な態度をとるプーチンのような政治家が、国民の圧倒的な支持を背景に国内の反対派を抑え込み、他国に対しても強硬な態度をとっています。ヨーロッパが「ウクライナに対する実質的な軍事侵攻」と非難するクリミア併合はこうした背景で強行されました。

ロシアは、かつてふたつの超大国のうちのひとつであった過去があります。ロシアは、大国として生き残ることにこだわっているのです。現在の国際秩序に不満を持ち、テロや戦闘を繰り返して、新しい国を作ろうとするＩＳは、よりその不満と暴力行為が鮮明です。そして、「台頭する大国」である中国もまた、欧米主導の国際秩序に不満を持っています。そして「経済発展が思うように進まないのは、米国が中国の発展を妨害しているからだ」と信じています。そうした不満を背景に、実力でルールを変更しようとしているのではないか、と各国は懸念を抱いています。

現在、日本に生きている私たちであれば、もし自分の取り分が少ないと思い少々不満を抱いたとしても、利益が公平に分けられてさえいれば、「仕方ない」と納得するように思えます。また、自分だけでなくみながそうすべきであると、考えるかもしれません。それが公正であり、社会の正義であると。

ではなぜ各国は、それぞれ少しずつ我慢して戦争を回避しようと努力しながらも武力行使を抑えられないのでしょうか。そして、なぜ国々は、不満を我慢できずに力づくでも現状を変えようとするのでしょうか。

2　リベラリズムは必然的に「悪者」をつくり出す

正義とは本当に自明なのか?

実は、普遍的な「国際社会における正義」というものは存在しません。正義とは、他者に対して公正であることとです。しかし、この「公正」の定義が、各国間で共有できないのです。

たとえば、TPP（環太平洋パートナーシップ）を考えてみてください。各国は、自国の産業の中でもとくに守りたいものについては、関税の引き下げに抵抗しました。日本は、農産品の関税引き下げに抵抗しましたね。一方で各国は、自国が輸出したい製品や産品について、他国に関税を引き下げるように要求しました。

協議はスムースに進んだのでしょうか？　いいえ、とんでもない。各国は、頑として自分の主張を曲げなかったのです。もちろん、各国ともに譲歩はしました。それでも埋まらないほど、各国間の要求には大きな隔たりがあったのです。これは「他者に対する公正」を共有することの難しさを示す一例です。

「TPP締結が自国の経済発展にとって不可欠である」という認識が各国にあったからこそ、協議は継続されたのですが、「共通の利益」が認識されていても、何をもって「公正」とするのかはなかなか決まりませんでした。

日本は農産品の関税引き下げに抵抗しましたが、日本の農業を守るという観点からみれば自然な欲求の表れです。日本の目には、他の国々は日本に対して無理難題を押し付ける存在だと映ります。他の国々が日本に対して「公正」ではない、と認識するということです。一方で、乳製品の関税撤廃・引き下げを要求したニュージーランドのような国にとっては、関税引き下げの議論はどのように認識されたのでしょうか?

ニュージーランドにとって、国の産業の大きな部分を占める酪農を保護するために、乳製品の輸出拡大はどうしても必要なものでした。国の産業の大きな部分を占めるということは、国の財政に直結する問題である、ということだからです。ニュージーランドにとって、乳製品の関税撤廃・引き下げは、死活的な国益でした。この場合、ニュージーランドの目には、関税の引き下げに応じない日本や他の国々が「公正」ではないと映ることになります。このように、各国ともに、自国が輸出したい製品に関しては、他国に関税撤廃・引き下げを要求し、自国内の産業保護のために必要だと考えられる製品については、関税の引き下げに抵抗したのです。

しかし、そもそも国家が経済的な必要性をもとに生まれたことを考えれば、これは当然の結果であるとも言えます。そして、どれが「公正」なのかを判断し、これを強制する世界政府が存在しない国際社会では、議論を通じて、みなが受け入れられる点を探さなければならないのです。

TPP交渉は、繰り返し行われ、各国が妥協する形で何とか合意に達することができました。しかし、「各国が妥協した」ということは、「各国ともに不満がある」ということでもあります。しかし、この取り決めをルールにしようと各国が同意したことには、とても大きな意義があります。

一方で、こうした議論の過程で、各国内に、他国に対する不満が溜まり、ときには、相手に対する憎悪になることもあります。自分の利益を十分に得られないからです。しかし、本当に相手の国が「悪い」のでしょうか？ そして、自分の国は「正しい」のでしょうか？

国に善悪はあるのか？

私は、国に善悪はないと思っています。国は、自国を発展させるという純粋な欲求のもとに、ただ利益を最大化しようとするだけだからです。そしてそのためにパワーを求めます。その観点からみれば、経済発展し台頭してきた国が、すでにできあがったルールを「不公平だ」と思い現状のルールを破ったとしても、簡単にその国を「悪い」とは言えないのではないでしょうか。

私たちが現在の秩序に挑戦する国やその他のアクターを「悪」と考えがちなのは、その背景に現在の秩序が「善」だとする考え方があるからです。「善」を破壊する者は「悪」だということですね。とくにリベラリズムにおいては、「戦争を起こさないために、各国が協調を求め理想を追求すべきである」と考えるために、これに反する国やアクターは「悪」だと位置づけられます。

これまでも、それまでのルールを破って新しい秩序をつくってきた国はあります。そして、現在から事後的に振り返れば、新しい秩序ができたことを悪く言う人は多くありません。たとえば、先にお話ししたナポレオンもそうです。フランス革命で掲げられた「共和主義」や「自由主義」（実は、これらの言葉にも種々の意味があるのですが）は、現在では、特別なものだとは考えられていません。

しかし、ナポレオンが勢力を拡大した当時、こうした考え方は、既存の秩序や共通の価値観を破壊する、イデオロギー的脅威だと認識されました。みなさんは、当時の秩序の破壊者であったナポレオンを、どのように考えるでしょうか？　見方を変えれば、ナポレオンがいたからこそ、各国に国民意識が芽生え、王侯貴族による君主制が倒れたとも言えるのです。国民国家という新しい、そして、今となっては普通になった概念をつくったのだからナポレオンは英雄でしょうか？　それとも、暴力をもってルールを書き換えようとした破壊者にすぎないでしょうか？　どう捉えるかは、自分の立場によります。

「反則」の常習犯だった日本史のヒーロー

あるいはヨーロッパは遠い国のことなので、ピンとこないかもしれません。

日本でいえば、源義経はどうでしょうか。ＮＨＫで大河ドラマにまでなった源義経を悪者だと思う人は、今ではあまりいないでしょう。それどころか、悲劇のヒーローだと考えている人も多いのではないでしょうか。しかし源義経は、それまでの武士たちからすれば、ルールを無視して卑怯《ひきょう》な手を使う、まさに秩序の破壊者でした。

いわゆる源平合戦以前、戦争は今よりずっと貴族的なものでした。正面から名乗り合い、〝正々堂々〟と戦ったのです。また、一騎打ちは、武将が自分と対等な身分の者としか行わず、他の兵隊たちは手を出さないなどのルールが存在しました。

しかし、源義経はこのルールを破りました。

源義経は「一ノ谷の戦い」で有名な「鵯越《ひよどりごえ》の逆落とし」という奇襲作戦を行ったとされていますが、この奇襲も、当時の武士の常識からいえば、ルールを無視してゲームをプレイする「卑怯」な行為でした。一ノ谷で敗れた平家が逃れた屋島でも、源義経は正面から攻撃せず、背後から奇襲をかけています。

さらに「屋島の戦い」では、沖に逃れた平家の「扇を射てみよ」という挑発に対して、源義経が那須与一に命じてこれを射落とした「扇の的」という有名な場面が生まれています。このとき、敵である平家ですらも、那須与一の腕を讃《たた》えました。しかし、那須与一を称賛するために舞を踊った平家の老武将を、源義経は那須与一に命じて射殺したのです。

これには、平家も怒って源氏に反撃し、源義経の軍は蹴散らされてしまいます。結局、源氏の援軍が来たために平家は屋島も去ることになりましたが、その後源平合戦最後の場となった「壇ノ浦」でも、源義経は「卑怯」な戦いを展開しました。それまで、舟のこぎ手は非戦闘員なので攻撃の対象としないのが常識でした。しかし、源義経は、平家の舟のこぎ手を片っ端から射殺したのです。このため平家の舟は動けなくなり、源氏に一方的に攻撃されることになったと言われます。当時の常識から言えば、源義経は、ルールを無視し、反則をしまくったのです。

そういった意味では、源氏が平家を滅ぼしたのは当然であったとも言えます。だからと言って、源義経は非難されているでしょうか？　むしろ、現在では「戦上手」というのが、源義経の一般的な評価だと思います。源氏によって古い戦いのルールは変更され、その後は、その新しいルールで戦闘が行われるようになったからでしょう。

私は、源義経が「悪者」だというつもりはありません。源義経は、是が非でも勝たなければならなかったのです。彼は武士として育てられたわけではなく、当時の武士が持っていた価値観を共有していませんでした。当時の武士の間にあった「共通の価値観」を理解しない彼にとって、ルールを守らなければならないという意識よりも、勝たなければならないという考えの方が強かったのだと言えます。

既存の秩序を破壊することを「反則」と見るのか「革命」や「革新」と見るのかは、見る人の立場によります。古い価値観に反発し新しい秩序を求める人たちにとっては、古い価値観とそれを守る既存の秩序こそ「悪」であって、その秩序を変えようとする者は「善」ということになります。

たとえば、みなさんは、江戸幕藩体制を滅ぼした明治維新の志士たちを悪者だと考えはしないでしょう。明治維新の結果、日本が近代国家として発展したと肯定的な評価をする人も多いかもしれません。それは、私たちが、階級社会を悪いものだと考え、階級間などに存在した差別をあってはならないものだと考えているからでもあるでしょう。

一方、既存の秩序側にいる人たちにとって、価値観を共有せず、ルールを無視して既存の秩序に挑戦する者は、常に「反則」をする破壊者です。ただでさえ既存の秩序側にいる人たちにとっては、挑戦者は「悪者」だということになりがちです。さらにいえば、挑戦は成功しなければ、「革命」や「革新」にはなりません。失敗すれば、単なる破壊者として、すなわち、悪者として歴史に刻まれることになります。

これは、過去の話ではありません。現在の国際社会の秩序に対する挑戦は、今まさにいくつも起こっています。

2015年のアメリカの議会報告書は、脅威となる国家として、ロシア、イラン、北朝鮮、中国を挙げました。そして、国際社会の外からの脅威としては、テロリスト・グループであるIS（「イスラム国」）を挙げています。

欧米諸国が「ロシアによる実質的な軍事侵攻」と指摘するウクライナ問題は、ロシアによる、まさに軍事力を用いた国際秩序の破壊と捉えられています。イランや北朝鮮は、国際社会が核兵器の拡散を防止しようと努力する中で、各国の反対を無視して核兵器開発を続け、国際社会を不安定化させていると考えられています。そして、中国は、南シナ海等において、米国や周辺諸国との軍事的緊張を高め、国際秩序に挑戦しようとしているのではないかという疑念を持たれています。

既存の秩序に対する挑戦を「善」と捉えるか「悪」と捉えるかは自分の立場次第だと、ここまで話をしてきました。国家は利害関係者として、自己の利益を最大化するのに有利か不利かによって、相手が「善」か「悪」を判断するからです。先に、「国家に善悪はない」と言いましたが、それは善悪自体が存在しないというのではなく、「善」か「悪」かの絶対的な基準はないという意味でした。国家の行動について、善悪を基準に議論することには意味がないのです。

リベラリズムは、理想を追求します。理想を追求する社会では、その中にある国家に、その理想に沿った行動を強制します。その行動をとることが「正しい」、すなわち「善」とされるのです。それは裏を返せば、その正しさから外れた行動をとった国家が「悪」だと認識されることも意味しています。

リベラリズムは、戦争を避けたいという思いから議論されてきました。国際社会の中の国家が全て同じ理想を追求し、そのように行動していれば、協調に基づいて平和が維持され、戦争は起こらないと考えてきました。

しかし、ひとたび、現在の国際秩序に不満を持ち、他国と同様の理想を追求するための行動をとらない国家が現れると、この国家は「悪」とされ、各国から非難され、各国国民から憎悪されます。

実際には、各国がそれぞれに国益を追求する利己的な社会の中で、絶対的な「善」や「悪」を定義することはできないはずです。利害関係者だからこそ、善悪をつけざるをえないのです。

そして、ひとたび自らを善、相手を悪として対応すれば、自らが譲歩する余地はなくなります。その結果、一方的に相手を非難し、自国民の相手国に対する敵意を増長させ、両国間の緊張関係を高めてしまうのです。まさに、ここにリベラリズムの限界があります。設定された理想のために強制されるシステムは、崩れ始めたときに、エスカレートを止めることが難しいシステムでもあると言えるのです。

第3章

リアリズムとその限界

1　必然だった「米中対峙」

なぜリアリズムが必要なのか？

リベラリズムは理想を追求し、それゆえその理想を「善」、それ以外の考え方をとる存在を「悪」と捉えてしまうため、各国の間に緊張関係をもたらし、ときには戦争へと発展させてしまう。第2章ではそう指摘してきました。

リベラリズムは善悪の判断を含んでしまう政治哲学であるがゆえに、なぜ戦争が起こるのかというメカニズムを十分に解明することができませんでした。

「政治哲学」という言葉は、あまり聞きなれないかもしれません。政治哲学とは、哲学的な立場から政治を研究するもので、正しい政治的秩序あるいは善い政治的秩序を真に知ろうとする試みであるとされています。

国際関係論におけるリベラリズムは、「戦争を避ける枠組みが正しい政治的秩序である」と考え、そのための理論を研究するものなのです。だから、必然的に善悪を生み出します。

多くの理想主義者を含むリベラリストによって、戦争回避の努力が続けられてきました。非常に貴い努力です。しかし、それにもかかわらず、戦争が繰り返し起こったことは、直視されなければなりません。「こうでなければならない」という理想を掲げるだけでは戦争は止められなかったのです。だからこそ、「なぜ戦争が起こるのか」のメカニズムを知る必要があるのだと言えます。

そして、「国家はパワーと安全を求める」ことを前提として国際情勢を分析するリアリズムは、「なぜ、どの国家も同様の官僚組織や軍隊を持つのか？」、「なぜ、平和思想を持つ国家指導者たちがいるにもかかわらず、世界各地で戦争が起こるのか？」、「なぜ、台頭する大国は経済発展すると、影響力や領土を拡張したがるのか？」といった問題について、実際に説得力のある説明を積み重ねてきました。

メカニズムとは仕組みであり、仕組み自体には善も悪もありません。国家に性格を持たせず、すなわち「善」か「悪」かの判断なしになぜ戦争が起こったのかというメカニズムを明らかにすること。これが、リアリズムの目的です。政治哲学という、政治のあるべき姿を論じるリベラリズムに対して、リアリズムは分析のための考え方であり、ツールであると言えます。

メカニズムを理解するためには、複雑な国際社会において、何が一番重要な要素として働くのかを見つけ出さなければなりません。あれも関係する、これも関係する、すべて重要だ、と言ってしまったのでは、メカニズムにはなりません。単なる事象の羅列です。だからこそ、リアリストは、無政府状態、国益、パワーといった数少ない要因で、戦争といった事象を説明しようとするのです。リアリズムとは、戦争を起こしてしまう国際社会の「本質」を見定めようとするものであると言えます。

そこでリアリズムは、国際関係を、単一の原理に従って行動する国家のみをアクターとして、単純化された構造の中で分析しようとします。単純化された国際社会の構造とは、国家の上に立つ権力はないという「無政府状態（アナーキー）」であり、単一の原理とは、「国家は自らの損失を最小化し国益を最大化するよう行動する」というものです。

国家がみな同一の原理に基づいて行動するということは、同じ外力が加わったときに、同様の反応を示すということでもあります。ここで言う外力とは、国際情勢の変化のことです。たとえば、ある国が急速に経済発展して軍事力を増強するといった状況は繰り返しみられてきましたが、リアリズムでは台頭する国も、周辺の国家も、それぞれの国益を最大化するように行動すると考えます。

国益の最大化というのは相対的なものであり、必ずしも経済的なものだけとは限りません。たとえば、国が生き残れるかどうかという状況に陥ったときには、「生き残ること」が得られる利益の中で最大のものになります。国の生存は、各国にとって最も根源的な国益です。国家が存在しなければ、発展も何もありません。それゆえ、リアリズムでは安全保障に関わる問題が最も重要であると考えます。国の生存に関わると認識される問題は、「死活的国益」とも呼ばれます。

では、リアリズムを用いて世界を見るとどうなるのでしょうか？　例として、２０１５年に南シナ海等で顕著になった米中の緊張関係を取り上げて見ていきましょう。

「緊張の高まり」が必然である理由

リアリズムの考え方に基づけば、米中間の緊張が高まるのは必然であると言えます。国際社会の中に存在する二国は、同じような状況に置かれれば、同じように対立してしまうと考えるからです。米中それぞれの国が良いとか悪いとかいう話ではありません。では、なぜ、米国も中国も相互に対立するように行動してしまうのでしょうか？

この状況は、古くから言われている「安全保障のジレンマ」で説明できます。「安全保障の

「ジレンマ」については、先に紹介しましたが簡単に振り返っておきましょう。

たとえば、あなたはケンカが苦手だとします。でも、周りでいじめが起こり始め、そのいじめっ子が自分を傷つけるかもしれないと考えたら、あなたはどうしますか？　彼から暴力を振るわれても抵抗できるように護身用の武器を持つか、ひょっとしたら、彼より自分が強くなろうとするかもしれません。

しかし、あなたのそうした態度は、いじめっ子の目にどう映るでしょうか。そのいじめっ子は、ひょっとすると、あなたが自分を傷つけようとしていると考えるかもしれません。そうすると、その友人も、あなたに負けじと、同様の準備をすることになります。

あなたは決して暴力を振るいたいわけではありませんし、誰かを傷つけたくもありません。ただ、自分の身を守りたいだけなのです。しかし、あなたの態度がいじめっ子の警戒を招き、かえって、あなたとの間でケンカが起こる可能性を高めてしまう。この「あなた」を「国家」に置き換えたものが、「安全保障のジレンマ」でした。

古くから、国際関係上の多くの事象は「安全保障のジレンマ」を用いて説明されてきました。そして、このジレンマは、国際社会が無政府状態（アナーキー）であるために、各国は自国の防衛を自分で行わなければならないという前提があって、初めて成り立ちます。そういう意味では、厳密には警察がいる日本の社会や、教師という権力を持つ上位の存在がいる学校の中の状況とは異なるのです。

「安全保障のジレンマ」が悲劇的だと言われるのは、たとえすべての国家が平和な環境を望んでいたとしても、無政府状態である国際社会では、軍備拡張競争の状況がそこここに見られ、ときに戦争さえ起こってしまうからです。

だからと言って、決してリアリズムが「好戦的な危険思想」であるわけではありません。繰り返しになりますが、リアリズムは戦争を肯定するものではなく、分析するためのツールにすぎないからです。リアリズムは、国際社会における主要なアクターを国家であると考えます。そして、前提として、国際社会の中で国家に強制力を働かせる機構（世界政府）は存在しません（よく国連と世界政府を混同する人がいますが、国連は強制力を働かせることはできません）。国家は自分の安全を自分で守らなければならない、という環境に置かれているのです。そして、各国家は自らの生存確率を最大化するように動く、という行動原理に沿って行動すると考えます。

リアリズムに基づけば、米中の対峙、さらに米中戦争は、「構造的に不可避である」ということになってしまいます。なぜなら、米中両国を含む各国にとって、最大の関心は「生存」にあり、生存のための最良の方法は、一番強くなることだからです。もちろん、「一番強い国」が誰の目にも明らかなときには、その国に対する直接の挑戦は起こりにくいものです。しかし、もう1つの国が実力をつけてきて、やはり、自分が「一番強い国」になりたいと思ったらどうでしょうか。一番強い国になることが生存確率を最も高め、パワーを高めるのですから、誰もが一番強くなりたいと考えるのは自然なことです。

潜在覇権国のオフェンシブ・リアリズム

ふたつ以上の国がともに、「自分が一番強い国になりたい」と思って競争し、対立する状況を「覇権を争う」といいます。自分より強い相手が存在すると、その国の生存を脅かされているという危機感に駆られてしまいます。そのために、自分が相手より強くなろうとするのです。既存の覇権国は、自分より強くなる可能性がある国家（潜在覇権国といいます）が現れることを、自らの安全保障にとっての脅威であると認識しがちです。実際に、その国が自国を攻撃してくる意図があるかどうかは別として、その国が自分の国を滅ぼすことができる能力を身に付けるということは、自国の生存の確率を下げることに他なりません。

国家は、経済発展を遂げると同時に、その軍事力をも増強します。いずれの国も、生存し続けるために、軍事力が必要だと考えるからです。経済成長しつつある大国がその軍事力を増強すれば、その能力は既存の覇権国にとって無視できないほどに強大になります。

中国は、現在、まさにこうした状況にあります。経済的な発展に伴って軍事力を増強しているのです。いまや、中国人民解放軍の持つ武器や装備品は世界でも最先端の技術を用いたものになりつつあります。中国は着々と能力を高めているのです。

ここでいう「能力」とは、発展しつつある国にとっては、自国が生存し続けるための能力、すなわち、他国が自国の発展を妨害するために軍事力を行使したときに、これを排除するための「能力」であると言えます。

しかし、既存の覇権国や、既存の秩序の中にいる国からみれば、台頭する潜在覇権国が身に付けつつある「能力」は、既存の秩序を破壊することができる「能力」でもあります。潜在覇権国が経済成長すれば、既存の秩序に属する国は、その能力を脅威と認識するのです。

「脅威」は、「能力」と「意図」から構成されます。より細かく分ける研究者もいますが、ここでは理解しやすいように、このふたつに集約して説明します。中国は、このふたつのうち「能力」をつけつつあるということについては明らかです。「能力」は、単純に艦艇や航空機、戦車の数だけで測れるものではありませんが、それでも、さまざまな形で分析が可能です。

一方で「意図」はとても理解しづらいものです。政治家の公式声明を読んだり聞いたりしただけでは、本当の「意図」はわかりません。先ほども述べたとおり、国は嘘をつくのです。「嘘をつく」という言い方が悪ければ、「きれいごとを言う」でもいいでしょう。理想は、ときに本音を隠すために利用されます。自国の国益を最大化するリアリズム的な考え方は国民の受けが悪いので、国家はその目的を隠して、表面的には理想を追いかけるリベラリストを装います。

既存の覇権国たる米国や米国の主導する秩序のもとにある国際社会は、軍事力を強化しつつある中国に対してその能力、すなわち軍事力を何に使うのだろうかと警戒します。ひょっとして、欧米諸国が中心になって作ってきた国際社会の秩序やルールを壊して、中国にとって都合の良いルールを作ろうとしているのではないか、そのために軍事力（能力）を強化しているのではないか、と心配してしまうのです。

そして、米国には、台頭して能力をつけつつある中国に対して、十分に能力をつけないうちに叩いてしまいたいという動機が生まれます。米国の生存が脅かされる可能性があるのですから、それが現実のものにならないうちに先手を打って軍事力を行使するというわけです。

このように、「既存の覇権国は、潜在覇権国の台頭に恐怖を覚え、その軍事力が強くなる前に、潜在覇権国に対して武力を行使してでも、その台頭を抑えたいと考える」という理論は、オフェンシブ・リアリズムと呼ばれます。攻撃型現実主義というわけです。この理論に従えば、台頭する潜在覇権国と既存の覇権国との戦争は避けられないことになります。

中国は、米国の中国に対する軍事攻撃を恐れていますが、それは、自身がこうしたオフェンシブ・リアリズムを信じているからかもしれません。しかし、中国が、オフェンシブ・リアリズムを信じて、米国の軍事攻撃に対処しようと行動すれば、オフェンシブ・リアリズムが描く世界が現実のものになってしまいます。

米国は、ただでさえ、能力をつけてきた中国を警戒しているのです。中国が口で何と言おうと、それだけでは「意図」はわかりません。加えて、中国が米国との戦争を準備しているとなると、米国の、中国の「意図」に関する懸念は確信に変わります。中国が米国との戦争準備をしているのであれば、当然、米国もこれに対抗しなければならなくなるのです。

こうした現在の状況は、過去にも起こりましたし、説明が試みられてきました。たとえば、英独仏三か国は、冷戦期には同じ西側陣営の親密な同盟国であったにもかかわらず、冷戦終結後、英仏両国がドイツの統一に反対しました。統一されたドイツが超大国化し、英仏に危害を及ぼすという恐怖に駆られたのです。実際、当時の英国のサッチャー首相は、フランスの駐英大使に対して、「英仏は手を取り合って新しいドイツの脅威に向かうべきだ」と述べていますし、ソ連のゴルバチョフ書記長に、ドイツ統一を阻止する協力を要請しています。フランスのミッテラン大統領も、サッチャー首相に対して、「統一ドイツはヒトラー以上の力を持つかも知れない」と話しています。

英仏両国は、冷戦終結直後にはすでに、統一されたドイツが英仏に危害を加えるかもしれないという恐怖心を抱いていました。この恐怖は、「相手が自分を攻撃できる軍事力を有している」ことから生まれるものであり、「自国の存続を図ろうとする国家は、どうしても他国に疑いを持たざるを得ず、互いに信頼することをためらう」傾向によって増幅されます。侵略の犠牲者になる可能性が恐怖を生み、恐怖が世界政治の原動力となるのです。

既存の覇権国たる米国と台頭する潜在覇権国たる中国の間で緊張が高まるのは、「構造的」な問題であると言った理由がおわかりいただけたでしょうか。潜在覇権国が経済成長すれば、すでに経済発展している既存の覇権国との緊張を高めるのは不可避なのです。

「自国に有利な秩序をつくりたい」という誘惑

一般的に、経済発展して台頭する潜在覇権国は、既存の覇権国に有利な今の国際的なルールに不満を持ち、これを変えたいと考えるようになります。こうした考えが、既存の覇権国に潜在覇権国に対する懸念をより高めさせることになるのですが、それは、台頭する潜在覇権国が、既存のルールに従っていたのでは思うように経済発展できないと認識するからです。なぜでしょうか？

経済発展する国が、国内の生産力を高めていく様子を、時系列で考えてみましょう。

まず、他国との貿易を活発化させることに重点が置かれます。安い労働力を利用し労働集約型の経済を発展させ、繊維や雑貨などの、高い生産技術を必要としない「低加工度型製品」を輸出するようになります。

経済発展が進むと、重工業なども発展させ、徐々に資本集約型の「高加工度型製品」の生産力を高めていきますが、一方で、労働者の賃金が上昇するため、「低加工度型製品」の輸出が難しくなっていきます。「低加工度型製品」は安くないと売れないので、人件費の上昇が不利に働くからです。そのため、発展を継続させるためには「低加工度型製品」偏重の経済構造を改革する必要がありますが、経済改革はいつも痛みを伴います。

安価な労働力を強みに輸出主導で中所得国化した発展途上国は、さらに発展して先進国になるために経済構造を変えなければなりません。しかし、発展途上国として急成長を遂げていた国は、中進国に入ったあと経済構造の改革に失敗し、成長が減速しがちです。これは「中所得国の罠」とも呼ばれます。

発展途上国が、「中所得国の罠」に陥る原因はひとつではありません。たとえば、最初に

「中所得国の罠」が議論されたのは、ラテンアメリカやアフリカの資源が豊富な国々においてでした。これらの国は、豊富な資源を開発し中所得国に移行したあと、先進国へと発展できませんでした。

今では、中国や東南アジア諸国も「中所得国の罠」に陥るのではないかという議論があります。アジアの多く国々は、資源国のように資源開発頼みで中所得国になったわけではありません。アジア諸国は、低賃金労働力という豊富な人的資源を用いて製造業が輸出で稼ぎ、低所得国から中所得国にたどり着きました。しかし、先進国のように技術集約型の産業に改革するほどの技術の蓄積がないため、「中所得国の罠」から抜け出せるのかどうか、議論を呼んでいます。

とくに、中国は古い経済構造の中で成功している既得権益者がいることも改革を難しくしています。財力を持つ者は巨大な政治的影響力を同時に有しており、彼らが抵抗するために、経済改革を思うように進めることができないのです。

一方、欧米諸国が「中所得国の罠」に陥ることがなかったように見えるのは、自分たちが先頭を走っていたことが最大の要因です。まず、自分たちより進んだ国が存在しなかったため、経済構造を固定しようとする海外からの圧力を受けることがありませんでした。また、生産力が高まり国内の消費を上回る製品が生産されたとき、国内の余剰を主に植民地などの海外に輸出し、海外の市場を拡大することができたからです。国内の余剰を解消しつつ、自らの技術発展を待つ余裕がありました。

しかし、現在では植民地を獲得することなど許されません。国内で製造された製品等を海外で消費させるためには、国際的な経済活動を規定するルールに従って、投資や貿易を行わなければなりません。現在、中所得国に成長した発展途上国は、欧米が成長したときよりも厳しい条件の下で、ドラスティックな経済構造の改革を迫られているのだと言えます。

既存のルールを書き換えたいという欲求

各国は、製品を輸入するときにそれぞれ関税をかけています。その関税やその他の貿易のルールも、各国間で協議されて決まります。そして、大幅に拡充された貿易ルールを運営するために、1995年に国際機関であるWTO（世界貿易機関）が設立されました。これにより、勝手に自国で生産したものを安く売ることも、他国からの輸入を制限するために高い関税をかけたりすることもできなくなりました。

こうしたルールは、各国が公正な条件の下で貿易ができるように協議され、同意されたものです。誰か一人だけが良い思いをして、他者が損害を被らないように設計されています。ですから、みなが、同様にある程度の利益を得られるのと同時に、みながある程度の我慢をすることになります。誰がどのようなものを誰に売るかという、輸出や輸入の構造がある程度固定化されている間は、各国は少しずつ不満を持ちながらも、それ以上に、ルールに従って貿易をすることによって上げられる利益を重視し、ルールを守ろうとします。

しかし、大国が経済発展をすれば、その貿易量は大量になり、輸出や輸入の構造そのものに影響を与えます。発展する大国自身は、中所得国になった段階では、経済構造の改革が完了していません。そのため、既存の製造業が生き延びるために、もっと大量に自国の製品を輸出し、大量にエネルギー資源などを輸入したいと望みますが、それまでにあった貿易のルールなどが足枷《あしかせ》となって満足するような取引ができず、不満を募らせていきます。そのために、台頭する大国は、国際的なルールを変えられるだけの影響力を持ったと自分で信じたときには、既存のルールを自らに有利なものに書き換えたいという欲求を持つことになるのです。

ルールの書き換えは、必ずしも武力によってのみ達成されるものではありません。国際政治学では、「影響力」のことを「AとBの二者間の関係において、それがなければBが行わないような何かをBに行わせるAの能力」などと、難しい言い方をしますが、要するに、影響力とは「相手を自分の意図どおりに動かす能力」のことです。

国家の間においては、たとえ武力行使に至らなくても「言うことを聞かなければ武力攻撃を受けてしまう」と考えれば、相手の国の要求を呑んでしまいがちです。

みなさんも、ケンカの強い不良から何か要求されたときに、拒否すれば殴られるかもしれないと考えれば、少しくらい損をしても言うことを聞こうとすることでしょう。国際関係においても、その国が持っている軍事力が強力であれば、その「影響力」は大きくなります。そして、そのことを自覚しているからこそ、国によっては、軍事力をちらつかせて相手を威嚇し、武力行使なくしてルールを書き換えようとするのです。

国際的なルールが自国の発展の邪魔になるからと言って、ルールの書き換えを目論《もくろ》んだのは、何も現在のような国民国家だけではありません。王侯貴族が国を支配していた時代から、台頭しようとする国は国際的なルールを実力で変更し、自らに有利なルールを打ち立てようとしてきました。

世界各地で独立運動が始まる以前、欧米諸国は世界中に植民地を広げ、経済活動を拡大していました。アメリカという覇権国が生まれる以前の時代、国際的なルールはヨーロッパの大国が決めていました。

15世紀末、大航海時代と呼ばれる時代には、スペインとポルトガルが、世界を二分割する合意をしました。当時、アジアとの香辛料などの貿易は西回り（大西洋航路）はスペインが、東回り（アフリカ最南西端の喜望峰経由）はポルトガルが押さえていました。

スペインやポルトガルに比べれば、当時の英国は貧しい二流国でした。では、その英国はどのようにして、世界中に植民地を持つ大英帝国になったのでしょうか？　それは「海賊行為」です。スペインが南アフリカから大量に自国に輸送していた銀の輸送船を英国の海賊が襲い、積み荷であった銀を略奪して英国に持ち帰ったのは、一度や二度ではありません。

「海賊」と言いましたが、英国では、彼らは海賊とは言われません。スペイン船を襲った彼らの行為は、当時の英国王であるエリザベス1世が後ろ盾になって行われた正当なものだったのです。

16世紀後半、ポルトガルを倒して、世界の海を制していたのは、「無敵艦隊」を擁するスペインでした。英国は、そのスペインの植民地であった西アフリカで奴隷を調達し、カリブ海沿岸の農園主に売ったりもしていました。本来、スペインが行っていた奴隷貿易が滞り、奴隷の供給が追い付かなくなっていたことに目を付けたのです（「奴隷の調達」だとか「奴隷の供給」などという表現には、現在の私たちからすれば眉をひそめたくなりますが、当時は商業活動の一環でした）。

もちろん、スペインは怒りました。その他にも、英国がネーデルランド（現在のオランダ）を支援したことなどもあって、スペインは無敵艦隊（アルマダ）をもって英国に侵攻しようとします。このとき起こった「アルマダの海戦」で、英国艦隊はスペイン艦隊を撃破しました。

このときの英国艦隊の司令官は、カリブ海でスペイン船から物資を略奪し、奴隷貿易等を行っていた「海賊」でした。海賊が、海軍提督になったのです。この時以来、スペインの凋《ちょう》落《らく》が始まります。そして、大英帝国が、世界の海を制覇して植民地を広げ、貿易によって莫大な富を築いていきます。いつの時代も、強い者がルールをつくるのです。

ルールは常に参加者の合意によって成り立っています。だからこそ、合意できない国家は、ルールを無視するか、自分が納得できるルールにしようと思うのです。

それでも、米中は軍事衝突を回避したい

経済発展する中国は、まさに台頭する大国です。リアリズム的にいえば、潜在覇権国であると言えるでしょう。そして、既存の覇権国は米国です。そして、中国は、オフェンシブ・リアリズムの信奉者であるかのように、米国が中国の発展を妨害すると信じ、米国の中国に対する武力攻撃を恐れています。

これまでお話ししてきたように、米国と中国の緊張が高まるのは構造的な問題であり、ある

意味、自然なことです。だからと言って、米国も中国も、戦争したいわけではありません。戦争のコストがいかに高くつくかを知っているからです。

それにもかかわらず、2015年は、南シナ海における軍事的な米中対峙の状況が際立った年になりました。南シナ海で起こっていることを見ると、米中両国間の緊張はますます高まっているように思えます。中国は、南シナ海のほぼ全域を囲むように地図上で「九段線」を引き、その内側に主権が及ぶかのように主張をしています（2016年7月現在）。そして、主張するだけならともかく、パラセル諸島（西沙諸島）やスプラトリー諸島（南沙諸島）の岩礁や暗礁を埋め立てて人工島を造成し、その上に軍事施設あるいは軍事施設と思われる施設を建設して軍事拠点化しているのです。

その軍事拠点化には、戦闘機を運用可能な滑走路や対空・対水上レーダー、対空ミサイルや対艦ミサイルが含まれています。これらは、すでにパラセル諸島（西沙諸島）に建設・配備され、スプラトリー諸島（南沙諸島）にも建設・配備が進んでいます。南シナ海を「中国の海」とし、南シナ海から米海軍の活動を排除しようとしているのです。しかし、南シナ海を押さえたからと言って、アメリカに対して軍事力を行使できるわけではありません。ここからみても、中国は「アメリカから軍事力を行使されること」を非常に恐れているのだと言えます。

なぜ、中国は、そんなにもアメリカの軍事力行使を恐れるのでしょうか？　それは、中国が「アメリカが主導する既存の国際秩序に挑戦しようとしていること」を自覚していて、アメリカはそれを許さないだろうと考えているからです。なぜ中国が国際秩序に挑戦しようとしているかというと、既存の国際秩序では中国が十分な利益を得られないと考えるからです。

２０１６年7月12日、オランダのハーグにある常設仲裁裁判所が、南シナ海における中国の権利を全面的に否定する司法判断を出しました。これは、２０１３年のフィリピンによる申し立てに基づいて審理されていたものです。中国に不利な判断が示されることは事前に予想されていたため、司法判断が出る前から中国の反発は相当のものでした。「(判断は)ただの紙くずだ」という中国元高官の話を、わざわざ中国外務省が公開したほどです。

「判断」が出されてからも、中国の反発は収まりませんでした。上から下まで、「茶番劇」や「紙くず」といった同じ言葉を使って抗議の意を示していますが、それよりも興味深いのは、「いかなる国家も中国に対し、裁定に従うよう強制してはならない」という表現がみられたことです。これは、中国の、日本や欧米諸国に対する反発を示すものでしょう。中国の目には、仲裁裁判所の司法判断は、欧米諸国の権益を固定しようとする米国の、中国に対する妨害行為の1つとしか映らないのです。

中国は、「南シナ海に対する権利を有しているにもかかわらず、東南アジア各国に先を越されて実効支配されてしまった」と考えています。中国は、遅れて南シナ海に入ってきました。そして今、中国が自分たちの権利を行使しようとした途端に、アメリカが邪魔をし始めた、と認識しているのです。中国が言う「アメリカの邪魔」には、軍艦による「航行の自由」作戦や軍用機による飛行が含まれています。軍事的手段が採られていると考えているということです。「航行の自由」作戦とは、米国が、度を越えた海洋権益の主張をしていると判断した国の海域や空域を対象に、米軍の艦船や航空機を派遣する作戦です。南シナ海でも行われているのは、中国の主張が度を越えていると米国が考えるからで、国際法に基づいて、すべての国が自由に南シナ海を使えることを保障するためなのです。

それでも、中国はアメリカとの軍事衝突を恐れています。勝てないからです。米軍の攻撃が怖いからこそ、中国は、米軍に「近づくな」とこぶしを振り上げてみせているのです。そして、実際に、米軍が近寄ることができないように、そして米国に対して核抑止を利かせることができるように、南シナ海を軍事力で固めようとしています。

こうして見ると、中国は米国に対して「防御的」なのだとも言えます。中国は、米国に勝てないと思っているのですから、当然と言えば当然ですね。中国が防御的なのは米国に対してだけであって、中国を防衛するためには周辺諸国に損害が及んでも仕方ないと考えているところにその問題があるのですが、少なくとも、「米中対峙」のイメージのような南シナ海における米中間の緊張の高まりとは裏腹に、米中戦争を望んではいないのです。

一方、米国はどうでしょうか？　中国が考えるように、米国は中国に対して攻撃をしかけようとしているのでしょうか？　そのようなことはありません。米国にしても、中国と軍事衝突すれば、巨大な経済損失を被るからです。それでも、米国が南シナ海において「航行の自由」作戦を展開するのは、南シナ海を他者に軍事的に押さえられることが、米国の安全保障の根幹を揺るがすからです。米国の安全保障は、米国の軍事力が世界のどの地域に対しても自由にアクセスできることによって担保されます。米国にとっては、中央アジア、中東や北アフリカなどの地域に軍事力を展開する際に、南シナ海は自由に航行できなければならないのです。

また、中国の戦略原潜（核弾頭を搭載した弾道ミサイルを発射可能な原子力潜水艦）が自由に太平洋に出て戦略パトロールを実施することを、米国は許すことはできません。中国にとっては、米国の核攻撃に対する核報復を保証するものにすぎなくとも、米国としては、何人たりとも米国本土に自由に核攻撃ができる状況を許すことはできないのです。

米国もまた、自国の生存を確実にするために、米国が必要だと考える安全保障環境を守ろうとしています。米国にとって、中国は米国の生存を脅かす可能性がある相手なのです。

もちろん、米国の中にもいろいろな考え方があります。ホワイトハウス（大統領）と国防総省（軍部）の間には深い溝があり、米国が軍事力をどのように使用するのかについて、考え方に相違があるとも言われているのです。南シナ海における中国の人工島造成に対して、米国防総省は、もっと早く強く圧力をかけたいと考えていました。しかし、オバマ大統領は、話せばわかると考え、軍事力を使用することを嫌うと言われています。軍事力を行使するには莫大なコストがかかります。そのコストには、資金だけでなく、人命も含まれるのです。

そもそも、オバマ大統領は、イラクとアフガンの２つの戦争を完全に終結させ、駐留する米軍を撤退させることを公約に掲げていました。米国内に、戦争に対する不満が充満していたからこそ、米国民はオバマ大統領を支持したのだとも言えます。

一般的に、軍部を含む国防省は、敵になる可能性がある相手が自分より圧倒的に弱いうちに叩いてしまいたいと考えがちです。軍とは、常に最悪の事態を想定して動きます。万が一、相手の国が軍事攻撃を仕掛けてきたときに、「予想していなかった」では済まされないからです。

恐怖心が生み出す「誰も望まない戦争」

代表的な失敗例があります。

第二次世界大戦が始まるまで、欧州各国の指導者たちは、ヒトラーの野望を見抜けず、ドイツを抑え込むことができませんでした。ヒトラーがズデーテン地方の割譲を強引にチェコスロバキアに要求した際、英国のチェンバレン首相は、チェコスロバキアに対して割譲を強要したヒトラーに対して譲歩するように求めました。

チェンバレンは、決してヒトラーの片棒を担ぎたかったわけではありません。チェコスロバキアを割譲すれば、ヒトラーはそれ以上の軍事行動を起こさないだろうと誤解したのです。チェンバレンは、戦争を避けたかったのですが、戦争を避けたいと思うあまり、希望的観測によって、ヒトラーの意図を見る目を曇らせてしまいました。

ヒトラーは、チェンバレンの考えを見抜いていました。ヒトラーは、第三帝国を建設するためには、他国との約束を破ることなど何とも思っていなかったのです。欧州首脳らの誤認はヒトラーの暴走を許し、その結果として起こった第二次世界大戦の悲惨な結果は、みなさんもご存じのとおりです。

国の「生存」に関わる問題では、絶対に失敗は許されません。だからこそ、軍は最悪の事態を想定して準備します。これは、国家としては当然のことでもあるのです。そして、現在の南シナ海には、米国と中国双方の軍事力が展開しています。中国軍は、米軍の行動をけん制しようとするため、艦艇や航空機のニアミスも起きています。これは、とても危険なことなのです。ただでさえ相手の意図を懐疑的に見がちな軍が、狭い空間で他国の軍と行動すれば、誤解を生む可能性はますます高くなります。相手のちょっとした動きを、自分たちに対する攻撃ではないかと思い緊張を高めます。誤解による衝突は、双方が持っている恐怖心によって、エスカレートしがちです。恐怖のスパイラルとも言えるでしょう。

米国も中国も、この「予期せぬ衝突」に端を発する「恐怖のスパイラル」の危険を承知しています。しかし、それでも相手が自分を攻撃するかもしれないという恐怖心を克服することはとても難しいのです。軍事以外の、政治・外交や経済の側面から国家間関係を考える人たちにとっては、軍の考え方は緊張を高める危険なものです。しかし、万が一、相手が軍事攻撃を仕掛けてきた場合のことを考える軍にとっては、相手との協議によって問題を解決しようとするやり方は、相手に、いたずらに準備の時間を与えるとも映るのです。

国の中でも、こうしたジレンマがあります。そして、だからこそ誰も望まない戦争が起こってしまうという悲劇が繰り返し起こってきたのです。

2 「構造的緊張」と「戦争」の間

日本のすぐ近くに軍艦を出したロシアと中国

みなさんは、南シナ海で起こっている米中間の緊張を、他人事だと思っているかもしれません。しかし、同じようなことは、日本の国土に面する東シナ海でもすでに起こっています。

2016年6月9日の未明、ロシア海軍の3隻の軍艦が東南アジア諸国からの帰りに尖閣諸島の接続水域を航行し、海上自衛隊の護衛艦が監視につきました。そして、ロシア海軍の軍艦が南側から接続水域に入ったその3時間後、北側から中国の軍艦が接続水域に入ってきたのです。日本から見れば自国の接続水域にロシアと中国の軍艦が入ってきた、という形ですが、中国からはまったく違った構図に見えています。

中国も、尖閣諸島を「自国の領土だ」と主張しています。しかも、中国は、国際的なルールである国連海洋法条約が軍艦にも民間船にも認めている「無害通航権」を、中国の国内法である「領海法」によって、軍艦には認めていません。つまり、中国から見れば、中国が主張する「自国の領海」に接近したロシア海軍と、それを監視するために出てきた日本の海上自衛隊の艦艇というふたつの「招かれざる客」に、軍艦を出して対応しようとしたにすぎないのです。

しかし、中国指導部や海軍の本当の意図はわかりません。これは私が海上自衛隊として勤務していたからこそわかるのですが、現場にいれば、第三者の視点で状況を見ることは難しくなります。たしかなのは、日本も中国も、尖閣諸島を「自国の領土」だと主張していて、双方ともに、「相手が自国の領土に軍事力を近づけた」と認識しているということです。

もちろん、尖閣諸島は日本の領土であり、日本が実効支配しています。日本は、中国の主張を受け入れることはできません。しかし、同時に、中国の主張を変えることも容易ではありません。はっきり言えば、「自国の領土だ」と主張することは中国の勝手です。しかし、その主張を実現するために、軍事力を使うことは、日本も国際社会も認めることはできません。

日本も中国も、相手を挑発する意図はなかったかもしれません。それでも、中国海軍艦艇の行動は、日中間の軍事的緊張を高めることになってしまいました。それも、ロシア海軍という、日中の東シナ海における問題に関係のない第三者の、しかも国連海洋法条約において違法ではない行動によって引き起こされたのです。

万が一、現場にいる日本側か中国側が、相手の行動を見誤り、「自分たちに危害を加えようとしている」と考えたら、予期せぬ衝突が起こる可能性があります。あるいは、「相手が自分たちに攻撃をすることはないだろう」と考えてとる行動が、相手の我慢の限界を超えることがあるかもしれません。

米国の大統領や、国務長官、国防長官などが、中国の指導者たちに対してよく使用する「ミスカリキュレーション（miscalculation 計算ミスあるいは誤算）」という言葉は、こうした意図の読み違えを意味しているのです。

そして、いったん起こった軍事衝突は、容易にエスカレートします。自分の部隊がやられっ放しで終わるわけにはいきません。なぜなら、自分の部隊がやられてしまったら、次には自国の領土が攻撃されると考えるからです。それぞれ守るものがある以上、誰も自国の安全保障に関して簡単に引き下がるわけにはいかないのです。

ここまで、米中、日中における緊張状態についての説明をしてきましたが、このような危険な状況にあっても、米中も日中もまだ戦争状態にあるわけではありません。

これまでお話ししてきたとおり、米中の間の緊張が高まってしまうのは避けるのが難しいかも知れません。また、隣り合う二国が領土問題等を抱えている場合も、おのずと緊張関係が生まれてしまいます。それでも重要なのは、「緊張状態にあること」と「戦争をすること」はまったく別の事象だ、ということです。緊張状態にあるからと言って、必ず戦争になるというわけではありません。

二国間の緊張がある程度高まるのは構造的な問題ですから、しかたがないことかもしれません。しかし、それは、「二国間の戦争が避けられないこと」を意味しているわけではありません。緊張関係にあっても、戦争は避けなければなりません。双方ともに戦争を避けたいと考えているのであれば、なおのことです。

「遅れてきた客」である中国が抱く不満

私が中国側の「必ず米国が中国の発展を妨害する」という認識に対して中国の研究者に反対意見を言うと、こう責められることがあります。「米国は日本の経済発展も妨害したのに、日本はなぜ中国の言うことが理解できないのだ？」と。実は、中国の研究者の疑問である、この「なぜ」に、戦争を避けるためのヒントが隠されている、と私は考えています。

中国の研究者が国際関係をどうみているか、たとえ話をもとに説明してみましょう。

みなさんは、とあるパーティーが開かれることを知り、チケットを買ってそのパーティーに参加するのをとても楽しみにしてきました。パーティー当日、期待に胸を膨らませて、パーティーに参加するために家を出ます。

しかし、不幸にも途中で交通事故に遭ってしまいます。幸い、ケガなどはありませんでしたが、事故処理にかなり手間取ってしまいました。さらに道路は渋滞していて、パーティーの開始時間に大幅に遅刻してしまいました。ただでさえ、いらいらしていたみなさんは会場に着いた途端、あるものを目撃してしまいます。先に着いた参加者たちが、存分にパーティーを楽しみ、盛り上がっているのです。

パーティー会場は、すでに参加者で埋まっていました。みなさんが入る場所もありそうにありません。そのうえ、みなさんは空腹なのに、出された料理は、先に到着した別の参加者たちにほとんど食べられていて、たいした料理が残っていません。

みなさんは、高価なパーティー券を買っていて、パーティーを楽しむ権利があると思っています。それに、ずっと前からパーティーを楽しみにしてきたのです。みなさんは、どうお感じになるでしょうか？　強引に人を押しのけてでも、無理やり自分の場所をつくりたいと思うかもしれません。料理がなければ、新たに料理を追加注文しようとするかもしれません。あるいは、別の参加者たちが確保している料理を取ろうとするかもしれません。

しかし、こうした行為は周囲のひんしゅくを買うでしょう。押しのけられた人は、怒って詰め寄ってくるかもしれません。料理を横取りされると思った人は怒るでしょうし、料理を追加しようとしたら、他の参加者から「予算オーバーだから追加するな」と妨害されるかもしれません。いらいらが募っているみなさんは、「私にだって楽しむ権利はある！」と、詰め寄ってきた人や注文を止めようとした人を突き飛ばしてしまうかもしれません。

現在の中国は、まさにパーティーの「遅れてきた客」なのです。中国は第二次世界大戦の勝者（本来、勝者だったのは、現在の中華人民共和国ではなく当時の「中華民国」だったのですが）であるにもかかわらず、戦後国際秩序の構築に参加することができませんでした。当時、国力が弱かったからです。そして第二次世界大戦後、西側陣営と東側陣営の対立が明らかになりました。

米国とソ連が、それぞれ西側陣営と東側陣営を率いました。そして、両陣営が対立する冷戦時代が訪れます。結局、中国は、冷戦構造の中で東側陣営に組み込まれる形となり、自らが欲する国際秩序の形成を図ることができませんでした。東側陣営の盟主はソ連だったからです。

中国は、スターリンの死後、ソ連に対して強い不満を抱くようになりますが、それでも、東側陣営から抜け出すこともできませんでした。最終的に冷戦は、東側陣営の崩壊と西側陣営の勝利という形に終わります。１９８９年にマルタ会談にてゴルバチョフ最高会議議長とブッシュ大統領が冷戦の終結を宣言したのです。

結局、米国がヨーロッパ諸国と協力して築いてきた、自由、人権、民主主義、自由貿易等を共通の価値観とする国際秩序に、世界が従うことになりました。その国際秩序には、政治的なものだけではなく、すでに確立されつつあった経済的なルールも含まれていました。中国は、現在の国際秩序形成に関わることができなかったのです。1980年代から経済成長を始めた中国は、1989年の天安門事件などによってつまずき、2000年前後からようやく高度経済成長の恩恵を受け始めました。

中国は大国です。中国の経済成長が国際社会に与えた影響は非常に大きいものでした。そして、中国は今、既存の国際秩序が、中国にとって不公平だと考えているのです。なぜなら、中国が遅れてやって来たときには、すでに先進諸国が、国際経済ルールを含む国際秩序を作っていました。また、貿易などの国際的な経済活動は、欧米諸国がおいしいところをすべて取ってしまっていました。しかも、欧米諸国は、以前は自分たちが暴力的手段をもって自国に有利なルールを作っていたのに、いったん自分に有利なルールができてしまうと、中国には同じことを許さないのです。中国は、これを不公平と捉え、不満を溜めています。

これは、あくまで中国の考え方であり主観です。しかし、過去にも、同じように「遅れてきた客」がいました。日本です。日本と周囲の国のそれぞれの、戦争に対する主観を理解するため、少し歴史的な説明が長くなりますが、お付き合いください。

かつての「遅れてきた客」が起こした軍事衝突

1853年にペリー司令長官率いる米国艦隊が、日本に欧米諸国の軍事力、技術力の高さを示して以降、日本は欧米列強に追い付こうと、明治維新を経て、西洋的近代化を急ピッチで進めました。そして、日清戦争（1894〜1895年）が起こります。その原因は、簡単に言えば、南から欧米列強が迫り、北からロシアの手が伸びてきて、「欧米列強に支配されるのではないか」と日本が危機感を高めたことにあります。こうした危機感から日本は朝鮮半島に対して、日本のように西洋的近代化を進めようと申し出たのですが、「日本は自分より格下だ」と考えていた朝鮮は、この申し出を拒否します。これに怒った日本では「征韓論」が起こり、朝鮮に対して圧力をかけ始めます。朝鮮を自分の属国だと考えていた清朝は、これを黙って見ていることはなく、戦争が起こりました。

日本は日清戦争に勝利しました。「眠れる獅子」と呼ばれていた清に勝利し、下関条約によって日本は清国から正式に遼東半島、台湾、澎湖諸島を獲得します。欧米列強と並んで、日本は中国大陸に権益を持つようになったのです。ところが、欧米列強には、すでに清朝に対する政策に関して合意が成立していました。日本の清朝に対する割譲要求は、欧米列強の方針にそぐわないものでした。日本もまた、「遅れてきた客」だったのです。

満州への鉄道建設を目指していたロシアを筆頭に、ロシアとの同盟関係にあったフランス、ロシアの進出方向を極東にそらすことをねらっていたドイツが、日本に対して遼東半島領有の放棄を勧告します。いわゆる「三国干渉」です。欧米列強と異なるルールでゲームを進めようとする日本は、欧米列強から危険視され始めたのだと言えます。一方の日本は、これを不満に思いました。三国干渉は、直接的にも間接的にも、日露戦争に影響を与えています。

そして、1904年、日露戦争が勃発します。1900年、ロシアは清国で発生した義和団の乱を収拾するために満洲へ侵攻し、全土を占領下に置きました。ロシアは満州がほしかったのです。ロシアは満洲の植民地化を既成事実化しようとしましたが、日英米がこれに抗議し、ロシアは撤兵を約束しました。ところがロシアは約束を破って撤退せず、それどころか駐留軍の増強を図ったのです。

英国は、ロシアの南下が自国の権益と衝突すると考え、危機感を募らせていましたが、国力が低下していた英国はアジアに直接関与することが難しい状況でした。そのため、1902年に、「栄光ある孤立」を捨て「日英同盟」を結んだのです。そして、日本は日露戦争に勝利します。

1905年、米国の仲介により、米国のポーツマスにおいて、日本とロシアの講和交渉が行われ、ポーツマス条約が成立しました。米国も、中国における権益の分配に関しては、日本と同様「遅れてきた客」でした。米国が日本を支持しポーツマス条約の仲介をしたのは、漁夫の利を得るためでもありました。米国も満州における権益がほしかったのです。

米国は、日本政府との間に、満州の鉄道の共同経営に関する予備協定まで結んでいたと言います。しかし、満州を独占したい日本は、結局、これを反故《ほご》にしました。この結果、米国の日本に対する感情は、急速に悪化していくのです。

その後、1914年から1918年にかけて、第一次世界大戦が戦われます。当時、ヨーロッパは複雑な対立関係にあり、主戦場はヨーロッパでしたが、植民地まで巻き込んだために、戦闘は東アジアや太平洋にまで及びました。日本は、日英同盟に基づいてドイツに宣戦布告し、連合国側の一員として参戦しました。第一次世界大戦は、大量の戦死者を出し、ヨーロッパの街を荒廃させました。一方で、戦場にならなかった日本と米国は、国際社会の中で相対的にその地位を上げることになったのです。

第一次世界大戦終結後、国力を消耗していた各国は軍備増強に疲れ、みなで合わせて軍縮をしようということになります。自分だけ軍備を減らすのは不安なので、みなで合わせてやろう、と考えたのです。その結果、1922年に、連合国各国の海軍艦艇の保有比率を定めた、「ワシントン海軍軍縮条約」が結ばれました。この条約で、各国は建造中の艦船を全て廃艦とした上で、米英：日：仏伊それぞれの保有艦の総排水量比率が、5：3：1・75と定められました。これは、当時の日本にとっては破格の待遇であると言えます。当時の日本海軍の艦艇保有比率は、この数字に遠く及ばなかったのですから。

しかし、日本はその「破格の待遇」にすらも不満を持ちました。米英に比べて不当に低く抑えられているのは「不公平だ」というわけです。そして日本は、1934年12月、「ワシントン海軍軍縮条約」を破棄します。「遅れてきた客」であった日本は、既存の「ルール」ではプレイしないと言ったのです。日本が「ルールを無視する」と言ったおかげで、各国はこれまでのゲームをプレイすることはできなくなりました。各国は、再度、軍拡の道を進むことになります。

このとき、すでに日本国内には、戦後賠償金に対する不満がくすぶっていました。「日露戦争」の戦後賠償金です。日本は米国から多額の借金をして、米英の支援とロシア革命という日本にとって好条件の下、かろうじて勝利することができました。戦時の借金返済のために、日本国内では税金が高くなり、国民の生活は苦しかったのです。そこに、「ロシアに大勝」という報道がされたのですから、国民は「日清戦争」で多額の賠償金が得られたように、ロシアからも十分な賠償金が得られると考えました。これでやっと生活が楽になると思ったのです。ところが、実際には辛勝だったわけですから、多額の賠償金が取れるはずもなく、国民の目論見は外れました。この不満を爆発させた大衆による大規模な暴動も起きました。1905年に起こった「日比谷焼き打ち事件」です。

太平洋戦争に突入したときにも、この日露戦争時の借金はまだ残っていました。日本が「日清戦争」と「日露戦争」を戦ったのは、軍事的に強大になり、欧米列強に伍して権益を拡大するためでした。しかし、実際には、戦争によって、国民の生活は疲弊し、社会に不満が溜まっていたのです。

さらに、1929年、世界恐慌が起こります。米国発の世界恐慌は、ヨーロッパに大打撃を与え、日本にも影響を及ぼしました。日本では、資源と市場を求める経済界と軍の思惑が結ばれ、中国における権益を奪うために戦線を拡大し、戦争へ向かう流れが作られていきます。日本は、日露戦争によって獲得した満州を手放すことなどできず、反対に、満州を足掛かりにして中国国内の資源を奪おうと考えたのです。

たとえ、満州事変と満州国に関する調査を行ったリットン調査団の報告を元に、国際連盟が「満州の法的帰属についてはは争う余地がなく支那にあり、日本が軍事行動をとったことを自衛とは言えない」としたうえで、「法律論及び事実の両面から満州国の分離独立を承認すべきではなく、日本軍が満州鉄道の鉄道地区まで撤退すべきである」という「中日紛争に関する国際連盟特別総会報告書」を採択しても、日本はこれを受け入れることはできませんでした。日本は、国際連盟総会の中で、ただ一か国反対票を投じ、この報告書が採択されると、国際連盟を脱退したのです。これは、既存の国際秩序に対する挑戦でした。

その後、日中戦争が本格化し、日本が中国南部にまで侵攻し、戦火が上海等に拡大するに及んで、米英等は中国における自国の権益を侵害されたとして激怒します。ちなみに、日中戦争が拡大したのは、何度も降伏を考えた蔣介石に対して、ソ連のスターリンが口だけで「ソ連が必ず支援する」と言い続けたからだと言われます。この状況は、ロシアが表に出ずに中国を後押しし、米中対立に影響を与えている現在の状況に似ているかもしれません。

米英を怒らせた日本は、経済制裁をかけられてさらに苦しくなり、米国に対して宣戦布告をします。太平洋戦争の始まりです。ちなみに、日本は当時、この戦争のことを「大東亜戦争」と呼びました。1941年に東條内閣が「欧米をアジアから追い出して、大東亜共栄圏を創る」ための戦争という意味で正式に命名しました。「アジアのことはアジアが決める。米国は出て行け」という現在の中国の主張にも、当時の日本と通じるものがあるかもしれません。

長々と、どのようにして日本が太平洋戦争に突入していったのかを書きました。しかし、これでも歴史の先生からは、「省略し過ぎ」あるいは「誤解を招く」とお叱りを受けるかもしれません。それほど、戦争に至る過程というのは複雑なのです。みなさんにはここで、日本が、「遅れてきた客」であり、すでに欧米列強によって利益分配が固まっていた状況を力づくで変えようとしたことを理解していただきたかったのです。そして、「遅れてきた客」が不満を持つ状況が、現在の国際社会にも表れているように見える、その類似性にも気付いてほしかったのです。

最後にもう1つ、日本が戦争をした背景には常に経済的な問題があったことも覚えていてください。

覇権の「引き継ぎ」が軍事衝突を回避

現在の米中に見られるように覇権の奪い合いは対立を招きがちですが、戦争を起こさずに、覇権が移行した例もあります。よく挙げられるのが、第二次世界大戦後の、英国から米国への覇権の移行です。この事例は、既存の覇権国の味方が覇権を引き継いだ、という構図のものです。既存の覇権国であった英国が、覇権国としての役割を米国にお願いした、と言った方がわかりやすいかもしれません。

たとえば、みなさんが、あるグループのリーダーだったとします。しかし、家の仕事を手伝わなければならなくなったために、リーダーを続けるのは難しくなりました。もちろん、リーダーを辞めるのは残念ですし、辞めてからも、引き続き、メンバーとして活動したいと思っています。こうしたとき、今後も居心地良くメンバーとして活動したいと思えば、当然グループ内の仲の良い友人にリーダーを変わってもらおうとするでしょう。

国も同じです。自国の国力が衰え、覇権国でいることが難しくなったとき、価値観を共有してきた味方が覇権国の地位を引き継いでくれれば、覇権国でなくなっても、引き続き、有利な条件で生存し続けることが可能になります。その意味では、米英の場合は、台頭する潜在覇権国に対する既存の覇権国の危機感が他の事例より低い、特異な事例であるとも言えます。

先にお話ししたとおり、大英帝国は米国に覇権を譲る前、世界中に巨大な勢力圏を構築し、とくに海洋においては絶対的な力を持っていました。それでも、英国の海軍力だけで遠く離れた東アジアの勢力均衡を維持することは難しかったのです。それが、日本の台頭を「人種的な挑戦」とみなす差別的な「黄禍論」があったにもかかわらず、1902年に「日英同盟」を結ぶことにつながったのです。歴史家は、「日英同盟」を、「愛ではなく相互の便宜による結婚であった」と述べました。

「日英同盟」は日本に大きな恩恵を与えました。「日英同盟」によって国際社会の中での地位を高めていった日本は、近代では初めての、ヨーロッパと文化的紐帯を持たない大国となりつつありました。そして、ヨーロッパが世界であった時代は、第一次世界大戦によって終焉《しゅうえん》を迎えます。ドイツ、オーストリア、ロシアという、「第一級の大国」と呼ばれた3つの帝国が崩壊しました。フランスは戦勝国でしたが、戦場となった国土は荒廃し、国力は大幅に低下しました。

英国は戦後、五大国の中で唯一、戦勝国として影響力を維持しましたが、実際には、米国の財政的支援を受けることによって、どうにか戦争を戦っていた状態でした。第一次世界大戦は、ヨーロッパ諸国を没落させ、ヨーロッパ以外の国、つまり米国と日本が相対的に国際社会における地位を高める結果を招きました。ヨーロッパが創り上げてきた「勢力均衡のシステム」や「協調のシステム」は完全に崩壊したのです。同じ価値観を共有し、欧米列強が同じゲームをプレイしてきた時代は終わりました。アジア主義を掲げ、欧米諸国と価値観を共有しない日本は、アジアで、欧米列強が受け入れられないルールでゲームを始めました。

一方、フランスなどは、戦勝国であっても、米国から借りたお金を返し、荒廃した国土を回復する必要があったため、ドイツに対して極めて高額の賠償請求をしました。そのため、ドイツ国民は大変苦しむことになります。ドイツ社会の不満と憤りが、ヒトラーが支持される背景にあったのです。

第一次世界大戦後に、二度と戦争を起こさないために欧米が目指した「共同体のシステム」はヒトラーにより崩壊しました。軍事力を用いて既存の秩序に挑戦し、「新しい秩序」を構築しようとした日本とドイツは第二次世界大戦の敗戦国となりました。一方で、戦勝国となった英国も疲弊して、覇権を維持することは難しくなっていたのです。戦勝国の中で、戦場とならなかった米国と、ドイツ敗北の転換点を作ったソ連が、大きな影響力を維持しました。

しかし、英国は黙って覇権を譲ったわけではありませんでした。1939年に第二次世界大戦が勃発した当初から、英国は、米国と協力して、新しい国際秩序の価値を提唱する努力を開始していました。英国は、第二次世界大戦が始まるときから、自らが今後も単独で覇権を維持するのが難しいことを理解し、そのバトンを米国に渡し、自らの有利な立場を維持しようと考えていたのです。英国は、この大戦中も積極的に英国を助けていた米国とともに、民主主義や自由といった普遍的な価値を守る戦いとして、第二次世界大戦を戦い抜き、戦勝国となりました。これらの価値は、戦後の国際秩序を形成する上で、中核的な価値となっていったのです。

強大なナチス・ドイツに対抗するために英国が採ったもう1つの戦略は、米国とソ連との軍事的協力でした。戦後、米英ソに、フランスと中国を加えた5大国が、国連安保理常任理事国となります。ドイツに勝利するためにはイデオロギーの異なるソ連とも協力した英国でしたが、戦後秩序を形成する過程の中で、民主主義を信奉し、英語を使用する国家が国際社会を主導することを目指していきます。

このときから、覇権国の地位は米国に移っていきました。しかし、英国は「民主主義」と「英語の使用」を共有する米国に覇権国の地位を譲ることによって、戦後国際秩序の中で、その地位と影響力を維持することができたのです。英国は現状を正確に把握し、積極的に、自分にとって有利な継承者に覇権国の地位を譲ったと言えるのかもしれません。

リアリズムでは説明できない戦後日本のふるまい

第二次世界大戦後、再度、国際秩序に挑戦するのではないかと警戒された国があります。みなさんは信じられないかもしれませんが、日本のことです。

戦後、敗戦国であったにもかかわらず、ソ連に対抗しなければならないと考えた米国の思惑と、朝鮮戦争による特需が発生したことによって、日本は米国の支援を受けつつ、急速に経済発展していきます。それと同時に日本は、実質的な再軍備も許されました。自衛隊の創設です。

自衛隊の前身である警察予備隊は、日本国内に駐留していた米軍の主力が国連軍として朝鮮戦争に赴いたため、日本国内の統治が手薄になり治安が悪化する恐れがあるとして、朝鮮戦争が起こった1950年に設立されました。戦後5年にして敗戦国である日本にこうした軍備につながりかねない組織が創設された背景には、日本国内において共産ゲリラが活動することへの恐れがありました。

冷戦構造の中で、米国は、日本が共産主義に傾倒するのを防止し、米国とともに社会主義陣営と戦うことを望むようになります。そのため、米国は、日本に対して、相互安全保障法（MSA：Mutual Security Act）に基づく経済援助、武器援助を考えるようになったのです。

1952年に日本は主権を回復し、あらためて独立国家となった後、1954年に、日米両国の間でMSA協定が調印され、同じ年に自衛隊が誕生します。戦後初めて、日本に対する武力攻撃に対して、外国と戦うことを任務とする組織が誕生したのです。

当時から自衛隊の存在が憲法解釈上許されるかどうかは、常に議論されてきました。日本国政府はこの問題について「（憲法第9条）第2項は「戦力」の保持を禁止しているが、このことは、自衛のための必要最小限度の実力を保持することまで禁止する趣旨のものではなく、これを超える実力を保持することを禁止するものであると解している。自衛隊は、我が国を防衛するための必要最小限度の実力組織であるから憲法に違反するものではない」と、繰り返し答弁してきました。

しかし実際には、日本が経済発展するにつれて、自衛隊の装備は近代化され、強力な軍事組織となっていきます。日本は、「必要最小限度の実力」と主張し続けましたが、他国にとっては、十分に強大な「軍隊」と映っていたのです。

私は1980年代、東南アジア海軍の将校と話したときに「日本は軍事大国だ」と言われ、それが外から見た日本の姿なのだと、初めて理解しました。そして、米国も、自国の思惑で日本に軍事力を持たせたものの、その軍事力が大きくなるのを見て、やがて不安を抱いていきます。

米国や国際社会は、経済的に発展した日本が、軍事力をもって国際秩序に挑戦するかもしれないと恐れたのです。その不安が顕在化した形で1990年3月27日のワシントン・ポスト紙に、日米関係の歴史に残る重大な発言が掲載されました。「もし米軍が撤退したら、日本はすでに相当な能力を持つ軍事力をさらに強化するだろう。だれも日本の再軍備を望んでいない。だから米軍は、(日本の軍国主義化を防ぐ)瓶の蓋なのだ」という、いわゆる「瓶の蓋」発言です。なんと在日米海兵隊の指令官による発言でした。日本に駐留する米軍自身が、自らが日本を抑え込むための蓋なのだ、と言ったのです。

この日米同盟「瓶の蓋」論は、日本の反発を招きました。日米両政府ともに、直ちにこの発言を批判しました。しかし、米国は表向きはこの発言を非難しつつも、日米同盟「瓶の蓋」論と同様の考え方を持ち続けていました。それは、米国が中国に接近した1971年に、早くも見て取れます。中ソ対立を背景として実現した1971年の米中接近の過程において、キッシンジャー大統領補佐官（当時）と周恩来総理（当時）の間で「瓶の蓋」論に基づいた日米安保の意義が話し合われ、中国が日米安保体制を容認するに至ったのでした。

みなさんが考えている以上に、そして、国際社会が懸念を抱くほどに、日本の発展は急速だったのです。しかし日本が、再度、国際秩序に挑戦することはありませんでした。みなさんは、「そんなの当たり前じゃないか」と思われるかもしれません。そうです。日本人は、国際社会に挑戦することなど、考えもしなかったのです。

そして、みなさんが「国際秩序に挑戦するなんてあり得ない」と考える、その理由こそが、台頭する潜在覇権国と既存の覇権国の間で緊張が高まっても、それが戦争に至らない、そういった状況をつくり出す鍵になると考えています。

その鍵は、これまでのリアリズムの理論の中では重視されていませんでした。言い換えれば、諸外国が「日本は国際社会に挑戦するかもしれない」と考えたにもかかわらず、なぜ、日本は軍事力を用いて国際秩序に挑戦しようと考えなかったのかという問いに、既存のリアリズムは明快な説明を加えることができなかったのです。

第4章

柔らかいリアリズムへ

1　伝統的リアリズムの限界

際限なき現状追認

リアリズムは、無政府状態である国際社会の動きについて、国益やパワーという限られた要素を利用して分析を試みる理論です。リアリズムの考え方では、国際社会の中で、国家はまったく同じ原理に基づき同じように行動すると想定されています。それぞれの国家の国内状況や国際情勢認識は無視されているのです。

日常にたとえるなら、みなさんであっても、みなさんの友人であっても、ある出来事に対して、みな、同じように反応するということです。みなさんは、「そんなことはない。一人一人違う」とおっしゃるかもしれません。そして、おっしゃるとおり、同じ出来事に対しても一人一人反応は違います。

たとえばクラスの中でいじめが起きたとき、その場で助けようとする人もいるでしょうし、クラス全員で話す場を作ろうとする人もいるでしょう。また、ある人は先生に相談し、ある人は見て見ぬふりをするかもしれません。

テレビなどの報道では、何か事件が起こった際によく「社会の○○といった構造が原因だ」という解説をします。しかし、問題を抱える社会の構造があっても、みなが等しく犯罪者になったり、問題を起こしたり、あるいは自殺をしたりするわけではありませんよね。一人一人の行動は異なるのです。

では、テレビが報道するように構造の問題を取り上げることは無意味なのでしょうか？　そんなことはありません。重要な要素を絞り込み、問題の原因を構造化して見せることで、なぜそのような出来事が起こったのかを、多くの人にわかりやすく説明できるようになります。原因を説明できるということは、次に、その原因を排除して、同じような出来事を起こらなくする方策を採ることができるようになるということです。

ひとつの事件に対して、あれもこれも原因だと言い、個人の生い立ちや精神分析を並べ立てても、それだけでは有効な解決策は導けません。

一方で、単純化した構造は現実を反映していないという反論もあるでしょう。その反論は正しいものです。単純化した構造が、現実のすべてを説明できるわけではありません。しかし、何が主要な原因なのかを明示できれば、「有効な解決策」を議論しやすくなります。ただし、解決策は万能薬ではありません。すべての人の問題を完全に解決できる方策は、まず存在しません。それでも、主要な原因がわかれば、多くの人の問題の深刻さを和らげることはできるでしょう。

これと同じ議論は、国際関係を分析するリアリズムに対しても交わされてきました。リアリズムは、国際関係を、国益や軍事力といった要素を重視して、バランス・オブ・パワーといった単純なモデルで説明するため、現実を反映していないというのです。しかし、先にお話ししたように、リアリズムは重要な要素を絞り込み、モデル化することで、万能薬ではないものの ある程度広く適用可能な「有効な解決策」を提示できるのです。

それならば、国際社会においても、リアリズムによって「有効な解決策」が導き出されているはずではないか、すなわち、戦争を回避する有効な手段が見つかっているはずではないか、とお考えになるかもしれません。ところが、そう簡単にはいかないのです。なぜでしょうか？

それは、リアリズムが、「国際社会が無政府状態である」、つまり、ルールを強制的に遵守させる存在がいないことを基本に、各国が自分の身を自分で守るために独自に行動すると考えるからです。

国内であれば、問題となっていた構造を変えるために、法律を改正することができます。国は、国内で「公正」を強制する権限を持っているので、問題の構造を強制的に変えることができるのです。しかし、リアリズムは、パワーバランスなどの単純な構造で国際社会を説明し、あくまで国際社会の構造は固定化されていて変化しないという前提で考えるので、「有効な解決策」を導くことができません。ですから、リアリズムは「際限なき現状の追認」だと非難されます。ただただ、現状を受け入れるだけでいいのか、というわけです。その意味ではリアリズムは、固定された構造の中で、パワーのバランスがとれているときに戦争が起こらない、ということを示すだけなのだと言えます。

そもそも、リアリズムは分析のための考え方です。できる限り価値判断を下さないようにしながら、国際関係の出来事の因果関係を客観的に説明しようとします。何よりも、「現実」を直視することを重視します。

その点が、戦争を避けなければならないという価値観をベースに、その方法を考えるリベラリズムとの根本的な違いなのです。簡単に言ってしまえば、リアリズムは「過去」を分析するツールであり、リベラリズムは「未来」はこうあるべきだと主張する方法論なのです。リアリズムとリベラリズムは、そもそも存在するその目的が違うのだと言えます。

軍事力以外の「パワー」

リアリズムは「『現実』を直視する」「『価値判断』を下さない」「因果関係を『客観的』に説明しようとする」ものだとお話ししました。しかし、本当にリアリズムの分析は、「客観的」なのでしょうか？　実は、必ずしもそうとは言い切れません。客観的な分析というのは、大変難しいのです。それは、政治が「人」によって行われているからです。人が介在して起こる事象である以上、物理学とは異なり、すべてを「客観的」に分析することはできません。

リアリズムは、自然科学で用いられるように「変数」を用いて、出来事を説明しようとするものです。「変数」とは、「値の変化が認められる観察可能な現象」のことを言います。簡単に言えば、「数値によってその変化がわかるもの」です。社会科学も、自然科学同様、「科学」という名前がつくからには実証研究を行います。実証研究とは、観察による経験を基に研究するものです。単に頭の中で考えたものではない、という意味です。

通常、この「変数」には、「独立変数」「従属変数」「媒介変数」の3つがあります。「独立変数」は、仮説における原因のことです。「説明変数」と呼ばれることもあります。「従属変数」は、仮説における結果のことです。「被説明変数」とも呼ばれます。「媒介変数」とは、原因と結果の双方に介在するものだとされます。

よりわかりやすく言うならば、ある状況がすでにあって（独立変数）、そこに何かの事象が起これば（媒介変数）、ある結果が生起する（従属変数）ということです。一種の方程式ですから、すでに存在する状況に、ある事象が起これば、自動的に同じ結果が導かれるということです。

たとえば、ビリヤードのボールを考えてみてください。ビリヤード台にボールが並んだ状態が「独立変数」です。ここでプレイヤーがボールを突いて、そのボールが別のボールに当たると、今度は当たったボールが転がります。このとき、プレイヤーがボールを突くのが「媒介変数」であり、その結果としてのボールの動きが「従属変数」です。ビリヤード台上のボールの動きは、「エネルギー保存の法則」のような物理学の法則で説明ができます。ボールの動きは数式で説明できるのです。数値で表すことができるので「定量的な説明」であるとも言えます。

国際関係の中で言えば、「ワシントン海軍軍縮条約」を巡る日本の反応などは、わかりやすい例かもしれません。「ワシントン海軍軍縮条約は、第一次世界大戦後、英・米・日・仏・伊の5大海軍列強国が、国家予算を圧迫する艦艇建造競争を抑制するために、戦艦等の建造に厳しい制限を加えることに合意したものです。ここで、海軍艦艇の保有比率が、日本が主張する「対米7割」に届かず、日本は不満に思います。結局、日本は、「ワシントン海軍軍縮条約」を引き継ぐ「ロンドン海軍軍縮条約」を破棄し、これを脱退します。これ以後、各国で海軍の軍備増強が無制限に行われるようになり、第二次世界大戦へと向かっていきます。

ここでは、第一次世界大戦後の5大海軍列強の状況が「独立変数」です。「ワシントン海軍軍縮条約」の内容（あるいはその議論）が「媒介変数」になり、日本の条約破棄・脱退という「従属変数」を招いた、と説明することができます。「条約」が定める艦艇保有比率が対米6割であったことが理由で日本が条約を破棄したということです。この事例では「媒介変数」を数値化することができますが、実は、全ての事象が簡単に数値化できるわけではありません。

リアリズムは、「変数」を客観的に定義できるものとして扱います。伝統的なリアリズムは「国家はパワーを最大化するように行動する」と考えます。それは「人間は自然状態においては自己保存のために闘争的であって、超国家的な法の執行機関を欠く国際関係においては権力闘争が表面化する」という昔の哲学者の考え方に基づいているからです。人間は放っておくと、自分の都合のいい環境を得ようと戦いあうということですね。この「権力闘争」は「パワーを巡る争い」でもあります。各国は、より大きなパワーを得ようと、他国と闘争するのです。

また、「国は『自己の保存』のために積極的に他国と闘争する」と考える伝統的なリアリズムから発展したネオリアリズムは、「国家を戦争へ駆り立てるのは闘争への欲望があるからではなく、無政府状態の国際関係の下では自国の安全を自助努力によって守らなくてはならないからだ」と考えます。そして、「国のパワーの差異や分散状況によって国際システムの構造は決定され、そのシステムのどこに位置するかによって国家の行動は自動的に決まってしまう」とするのです。

ネオリアリズムは、国際システムの変化をも考慮に入れるようになりました。しかし、ネオリアリズムの理論に基づく国家にしても、「誰かが自国を攻撃する」と考えるから、「自国の安全を守る」必要性を感じるのです。各国は、「脅威」を認識するということです。リアリズムは、無政府状態の国際社会では、パワー分布によって固定された構造の下で、国家は自動的に一定の行動をとると考えることに変わりはありません。ですから、国際社会がある構造になると、戦争を避けることができないということになってしまうのです。

しかし、その前提である「パワー」や「脅威」は、客観的に定量化できるものなのでしょうか？　パワーバランスの理論が用いる「パワー」は、受け手に認識されることによってはじめて「脅威」として認識されます。パワーがあっても、誰にも認識されなければ、それは脅威にはなり得ません。そして、この「認識」とは主観そのものです。国家によって、同じ情勢の中にあっても、その情勢をどのように認識するかは異なります。実は、主観が入らざるをえない「パワー」や「脅威」という概念を用いることで、すでに、リアリズムが主張する「国家に性格はなく、同一の行動をとる」ことに反しているのです。

「パワー」という概念は単純ではありません。「パワーとは、それを持つ者が、望む結果を得られるように、他者に影響を与える能力」であると定義されます。国家の「パワー」とは、1つの具体的な「力」を指すのではなく、種々の「力」を総合して使用する「影響力」なのです。リアリズムは、こうした「力」の中でも軍事力を重視するのですが、「パワー」を構成する各「力」には、軍事力だけでなく、政治力、経済力、文化的魅力など、多数が考えられます。

その中でも、経済力という「パワー」の影響は、現在の国際関係においてますます大きくなっているように見えます。

また、国土面積や人口も「パワー」の基盤となる要素として挙げられます。大きな国は、それだけで影響力があるのです。一方で、国土面積が小さく、人口が少なくとも、外交が上手な国もあります。たとえば、シンガポールは、全方位外交を展開する、外交上手な国です。東南アジア諸国の中には、インドネシアやマレーシアといった地域大国がありますが、シンガポールは、米国などの影響力を使いながら、地域の中での発言力を確保しています。

各国が有する「パワー」は、さまざまな要素によって構成されます。みなさんの友人にも、周囲の友人たちを従わせたり、言うことを聞かせたりすることができる「パワーのある人」がいるでしょう。しかし、その友人は、必ずしもケンカが強いとは限りません。頭が良かったり、人間的な魅力があったり、その「言うことの聞かせ方」は一様ではありません。伝統的なリアリズムが言う「パワー」は、この暴力の方に焦点を絞りがちです。

リアリズムには主観が含まれている

リアリズムが前提とする「自分の身を守ることが大切だ」ということに、誰も異存はないでしょう。しかし、相手が自分を傷つけようとしているかどうか、自分より強いかどうかは、それぞれの認識、つまり主観によって異なります。

軍事力は、客観的に測ることができるとお話ししました。兵員、戦車、海軍の艦艇、戦闘機、ミサイルの数などから、軍事力は測ることができると。しかし、数だけでは、その軍隊の戦闘能力が高いのか低いのかを判断するのに不十分です。新しい兵器は、古い兵器よりも能力が高いからです。また、新しい兵器であっても、最新技術を用いたものなのか、最新システムを装備していないのかによっても、その能力は異なります。その意味では、国防費の多少も軍事力の大小を測る要素になり得ます。最新技術を使用した兵器は、一般的に高価だからです。

さらに、実際の戦闘能力は、兵器の質と数だけでは測れません。現代の戦闘は、ネットワークを構築して行われます。各武器システムが、艦艇システムや航空機システムとして、どの程度統合されているのか、さらには、艦艇システムや航空機システムが、衛星に搭載されたセンサーや通信情報システムを含むネットワークの中で、より大きなシステムとして統合されているかどうかが、戦闘能力を左右します。「システム・オブ・システムズ」という考え方です。システムの統合には、非常に高度な技術とノウハウを必要とします。単に、最新技術を用いた武器を購入しても、システムとして統合されなければ、その戦闘能力は限定的なのです。

そして、戦闘能力には、軍人の士気も関わってきます。日露戦争前に、日本帝国海軍の軍人がロシア海軍の艦艇で乗員が大砲の砲身に洗濯物を干しているのを見て、「これなら勝てる」と感じたという話があります。

客観的に測ることができそうな軍事力ひとつとっても、これだけの要素があるのです。とくに、指揮系統の問題や軍人の士気などは、外部から測るのが難しいものです。ある国の軍事力がどの程度なのかは、やはり、他の国々が、それぞれ主観的に判断するしかないのです。

軍事的能力に関しては、情報を集めれば、完璧ではなくとも、測ることができるかもしれません。しかし、仮にある国の軍事的な能力が高かったとしても、その国が他国を攻撃すると認識するかどうかは、別の問題です。「脅威」は、「能力」と「意図」によって構成されるからです。「能力」があっても、攻撃する「意図」がなければ、「脅威」にはなりません。

たとえば、米国は世界一の軍事強国ですが、日本は国内に米軍基地があってもまったく脅威には感じません。それどころか日本は、米国が日本を防衛するために一緒に戦ってくれると信じているのです。日米同盟があるので、当然だと考えているのかもしれません。しかし、隣国の中国は、米軍が中国本土に近寄ることさえ拒否しようとします。中国は、米国が自国に対して軍事攻撃を行う「意図」があると考えるからです。中国にとって、米国は「能力」と「意図」を両方兼ね備えた「脅威」だということになります。

日本と中国の米国に対する認識は正反対です。ある国に対する「脅威認識」は、それぞれの国によって異なるのです。「中国は台頭する潜在覇権国であり、既存の覇権国である米国との間で緊張が高まる」という状況は、リアリズムの理論で説明ができます。しかし、１９８０〜90年代、欧米が潜在覇権国になると懸念を示した日本は、経済的には台頭しながら、米国が主導する国際秩序に挑戦する気などありませんでした。この日本の態度を、リアリズムで説明するのは簡単ではありません。国家は、同じ情勢の中にあっても、異なる認識をする可能性があるということです。

日本と米国、中国の関係は特別だと思われるかもしれません。では、東南アジア各国はいかがでしょうか？　日本では、ＡＳＥＡＮ（東南アジア諸国連合）を、あたかもひとつの意思を持つ共同体かのように報じることがあります。とくに、南シナ海における中国の行動に対しては、「ＡＳＥＡＮが懸念を示している」などの発言が登場します。しかし実際には、ＡＳＥＡＮに加盟している10か国であっても、地域の安全保障環境に対する認識はまったく違います。

カンボジアやラオス、ミャンマーなどは、そもそも、南シナ海問題に対して大きな関心すら有していません。インドネシアやマレーシア、タイなどは、自国に対して利益になることと不利益になることを見極めて動きます。単なる親中でも、反中でもありません。そして、中国と領土紛争を抱え不満を抱えるフィリピンとベトナムでさえ、中国に対する脅威認識の度合いは異なります。ベトナム軍はこれまでも中国軍と戦闘を繰り返してきましたが、フィリピンは、自国だけで中国と戦争する気はありません。

「脅威認識」とは、国家の主観なのです。「客観性」を担保できる要素に基づいて論じられるはずのリアリズムでも、実は「主観」から逃れることはできないのです。これは、社会科学全般の問題でもあります。だからと言って、リアリズムが使えないと言っているのではありません。リアリズムの「現実を直視する」考え方が大切であることは、繰り返しお話ししたとおりです。ただ、リアリズムが用いるモデルも、完全に客観的ではなく、主観が含まれていることを理解しておかなければなりません。

そして、リアリズムのモデルも「主観」の概念を必要最小限度で取り入れていることを理解すれば、同様のパワーの分布が見られる国際情勢の下でも、戦争に至るか、戦争を回避するのか、を決める要因を浮かび上がらせることが可能かもしれないということです。そのために、「主観」を取り入れていることをより明確にした、新しいリアリズムの考え方が必要になるのです。

2　リアリズムを本当に使えるものにするために

「認識」という主観を取り入れる

ここまで読み進めていただいたみなさんには、私がお話ししたい結論の見当がついてきたかもしれません。

ある大国が経済発展して、政治力、経済力、そしてとくに軍事力を高めてくると、これまで国際秩序を築いてきた既存の覇権国は、台頭する大国に対して警戒感を持ちます。一方、潜在覇権国は、さらなる経済発展を遂げるには、現在のルールは自国にとって不公平だと感じるようになります。こうして、２つの大国の間に緊張が生まれます。

今までお話ししてきたように、このような緊張関係を避けるのは難しいことです。各国は、自国の利益を最大化しようと行動するからです。ここまでは、リアリズムがこれまで分析を重ねてきた結果のとおりです。ふたつの大国の緊張関係という構造は、多くの場合、これを受け入れなければならないと思います。

しかし、緊張関係という構造が、必ずしもそのまま戦争に発展するわけではありません。緊張関係という構造ができるところまではリアリズムで説明できますが、その後、戦争になるかならないかは、リアリズムでは説明が難しいことです。そこには、いろいろな「認識」が関わってくるからです。

リアリズムは、国家に性格を持たせず、同様の刺激に同様の行動をとるものとして国際社会をモデル化するのですから、各国がどのように認識するか、という問題は排除されてしまいます。

一方リベラリズム的な発想では、緊張関係の構造を、国際社会に挑戦しようとしている台頭する潜在覇権国を批判する、という善悪の判断に陥りがちです。政治哲学であるリベラリズムは、各国に対して、「協調的な態度をとらなければならない」あるいは「平和を維持するための共同体に参加しなければならない」と要求するからです。これに反抗するような態度をとる国は、「間違っている国」すなわち「悪い国」とされてしまいます。しかし、各国はいずれも不満を抱えているものです。既存のルールでゲームをプレイする気がない国に対して、そのゲームのルールを守れと言っても、相手は言うことを聞かないでしょう。

リベラリズムは、各国の同意がなければ成り立ちません。そして、異なるゲームを勝手にプレイし始める相手に対しては無力になってしまいます。非難するだけでは、戦争を止められないのです。「各国に自制を求める」ことには、限界があります。だからこそ、現実を直視するリアリズムの考え方が必要だと考えるのです。

これまでのリアリズムでは、緊張関係の構造ができてから先のことを説明できませんでした。「脅威」を客観化するリアリズムの試みは、そのほとんどが「脅威」を構成する「意図」と「能力」の内の、「能力」の部分に関するものです。この「意図」の部分が明確にならない以上、状況を見る者が、それぞれ異なった「脅威認識」を持つことになりがちでした。だからこそ、リアリズムの考え方を基礎にしながらも、各国の異なる「認識」を加え、緊張関係の構造ができてから先のことを説明する必要があるのです。これが、私の言う「柔らかいリアリズム」です。

リアリズムは、主権国家をあたかも同質で大きさも同じビリヤードゲームの玉のようにみなします。しかし、実は、ビリヤードの玉は一様ではないのです。

そこから発展したネオリアリズムのひとつの考え方は、伝統的なリアリズムと異なり、国際構造の変化を考慮に加えます。国際構造が変化するとは、すなわち各国の状況が変化するということですから、ビリヤードの玉でいえば「大きさ」が相対的に変動することを意味します。

ビリヤードの玉が一様ではない、という視点を分析に加えたという意味で、ネオリアリズムは伝統的リアリズムより、現実の国際社会を、説得力をもって説明できるようになったと言えます。ただし、ネオリアリズムは、歴史学のような人文学的なアプローチをとった伝統的なリアリズムとは対照的に自然科学的なアプローチに固執し、純粋にシステム・レベルの理論構築に関心があるために、現実を反映していないという批判もあります。

「柔らかいリアリズム」は、もう1つその先に進みます。国際構造だけではなく、各国の「認識」を分析に加えるのです。つまり、ビリヤードの玉は「大きさ」だけではなく、玉の「硬さ」も違うと考えるのです。たとえ同じ「大きさ」であっても、脅威を大きく認識していれば玉は硬くなり、小さく認識していれば玉は柔らかくなり、反発も小さくなります。

ビリヤードの玉がすべて一様であるとする伝統的なリアリズムでは、モデルは単純化され、説明は明確になります。ここにあらたな要素を加えれば、現実の国際社会に近づくものの、モデルは複雑になり、各国の対応を簡単には説明できなくなります。この矛盾のトレードオフは、常に研究者を悩ませてきました。

この問題は、どのように解決できるのでしょうか。

経済的不満が国を戦争に向かわせる

この問題を解決する方策は多くありません。いずれにしても、モデルに加える要素を最小限にするしかないからです。モデルはシンプルでなければ、なぜその事象が起こったのかを明快に説明することができないからです。

そして加える要素を最小限にしても、さらに考慮しなければならないことがあります。モデルの客観性を保つために、できる限り、定量化されたデータによって説明できる「認識」でなければならないのです。数字にできなければ客観的なモデルにすることは難しいのです。

では、どのような要素が、国の行動を決める重要な「認識」として、モデルに加えられるべきなのでしょうか？　私は、それは経済に関する「認識」であると考えます。大国が台頭して、国際社会の中でパワーの分布に変化が生じたと言われるとき、リアリズムでは、軍事力に注目しがちです。しかし、その軍事力の増強を支えるのは経済発展です。軍事力を増強するのは、最終的には安全保障、すなわち自国の生存を図ることが目的です。しかし、生存といっても単に国の名前が残ればよいというわけではありません。国民が少なくとも現在の生活を維持できるように、経済を維持しなければならないからです。

国民の生活レベルが低下すれば、国民の間に不満が溜まっていきます。そして、社会に不満が過度に充満すれば、国内は安定を失います。不安定な国内状況は、対外政策にも影響します。先に、構造的な緊張から戦争に至った事例を見てきました。日本人は、なぜ、過去に戦争を選択したのだったでしょうか？　それは一言でいえば、不満だったからです。

日清、日露戦争に勝利し、列強の仲間入りをした日本は飛躍的な発展を遂げ、第一次世界大戦でも、戦勝国側にいました。戦場にならなかった日本は、米国とともに、国際社会の中で相対的にその地位を上げました。しかし、日本人はそれでも不満でした。

第一次世界大戦後、日本は、英米に発展を妨害され、不当に抑圧されていると考えました。連合国各国の海軍艦艇の保有比率を定めた「ワシントン海軍軍縮条約」からそれを引き継ぐ「ロンドン海軍軍縮条約」、満州事変と満州国に関する調査を行ったリットン調査団の報告を元に国際連盟が採択した「中日紛争に関する国際連盟特別総会報告書」、これに対する日本の国際連盟脱退、米英の対日経済制裁、これらは、「日露戦争に勝利したにもかかわらず、ロシアから十分な戦後賠償金が取れない」という経済的不満が日本社会に蔓延している状態で起こったのです。こうした不満から、世論は一気に戦争に傾きます。

当時の日本国内の雰囲気をよく表すエピソードが、自らの信念に反して国際連盟脱退を宣言して退席した松岡洋右《ようすけ》日本全権の帰国時の状況でしょう。松岡自身は、交渉に失敗したと考え、失意の内に帰国したのですが、彼を待っていたのは国際連盟を脱退したことへの日本人の熱狂的な歓迎でした。驚いた松岡は、「日本人は狂ったのか?」と思ったと言われています。

日本人は、日本が海外に経済活動を展開する段階にあるが、欧米列強の壁のせいで活動が阻まれている、と考えていたのです。日本は、欧米列強に伍して経済発展するために、日清・日露戦争を戦いましたが、とくに、日露戦争で抱えた借金は莫大でした。戦争はお金がかかるのです。十分な戦後賠償金が得られなかった日本は、日露戦争によって獲得した満州における利権を最大限利用し、さらに中国大陸における権益を拡大して、元を取らなければならないと考えました。

第二次世界大戦を始めたドイツでも、同様の状況が見られました。第一次世界大戦における敗戦によって、フランス等に対して、支払不能なほどの賠償金を負わされたドイツは、ハイパーインフレーションに見舞われ、経済がほとんど崩壊していました。一時、ドイツ経済は持ち直しかけたものの、今度は世界恐慌が起こり、壊滅的な打撃を受けました。崩壊した経済に国民が苦しむ中、生活が破綻した中産階級や労働者、農民らの怒りを吸収して支持を伸ばしたヒトラーが政権を取ったのです。

景気が悪くなると、国民は不満を高め、その責任を誰かに求めようとします。ヒトラーのような政治指導者が付け入るスキがそこに生まれます。国民の不満は、利用されてしまうのです。また、社会に不満が充満した状態では、国民の支持を得るためにあえて強硬な対外政策などをとろうとする政治指導者も出てきます。多くの政治指導者にとって、自らの政治生命を守り、政治的権益を最大化することが最も重要な目的だからです。

国内に経済的不満を抱える国々

こうした状況は、現在の世界にも見られ始めました。経済成長の減速が取り沙汰される中国の習近平主席は、２０１５年９月３日に実施した軍事パレードにおいて、「積極的に、公平とウィン・ウィンを核心とする〝新型国際関係〟を構築する」と宣言しました。中国は、何が何でも経済発展しなければなりません。１９７８年に「改革開放政策」を掲げて以来、中国では、「先に豊かになれる者から豊かになろう」という鄧小平の「先富論」に基づいて、市場経済を導入してきました。この「先富論」は、後からみなが豊かになれる、という前提に立ったものです。もしごく一部の人だけが極端に豊かになり、多くの国民がまだ豊かになる前に経済が失速すれば、中国共産党の統治は危機にさらされかねません。

中国のような権威主義的国家では、選挙で民意を表現する機会がありません。国民が不満を表現する手段は、最終的に暴力、つまり革命しかありません。中国共産党はかつて、その革命（共産主義革命とは言えませんが）によって政権をとっただけに、国内に不満が溜まることの恐ろしさをよく知っているのです。だからこそ、中国指導部は、「中国はこれからも経済発展する」「中国国民は、今日よりも明日は豊かになれる」ことを、大衆に信じさせる必要があります。「中国にその能力がある」ことを示すために、弱腰の対外政策などとることはできません。それどころか、「中国は経済発展に有利な国際ルールを自らが作ることができる」ということを示すために、米国を始めとする他国に対して、より強硬な姿勢を示さなければならないと考えているのです。

現在のルールに不満を抱いているのは中国だけではありません。2016年6月23日、EU離脱を問う英国の国民投票は、世界を驚かせる「離脱派勝利」という結果に終わりました。英国は、EUのルールを拒否したのです。英国では、EUの東方拡大によって旧東欧諸国からの移民が押し寄せ、いくつかの地方都市では、移民が地元住民の仕事を奪い、生活を脅かしていると考えられていました。

もし自分たちに仕事があり十分な収入があって生活が安定していれば、これまで苦しい思いをしてきた移民に対して、余裕をもって接することができるかもしれません。また、「移動の自由」によってヨーロッパ全域でビジネスを展開する人は、英国国内の仕事を移民が請け負うことによって、直接の影響を受けないのです。むしろ、安い労働力として、歓迎するかもしれません。つまり、経済の減速は、国民全員に平等に影響を及ぼすものではないのです。経済が停滞すれば、むしろ、貧富の格差がより固定化し、さらに拡大する傾向があります。経済が悪化して真っ先に職を失うのは、工場労働者や非正規雇用の従業員たちです。会長や社長から収入を失うという話は、ほとんど聞いたことがありません。また、金銭的に余裕がある人たちは、投資や外国為替取引等の資産運用によって収入を得る手段があります。また、これらのお金は、経済状況が悪化したら自国以外に投資することが可能なので、そういう意味でもリスクヘッジが可能です。結局大規模な資産運用をしている人ほどリスク回避が容易で、かつ、利益を得る方法も豊富なのです。しかし、金銭的に余裕のない人たちには、選択肢はありません。労働による収入を失えば、収入のすべてを断たれてしまいます。

経済成長が停滞すれば、同じ国内でも、生活に困窮する人はますます貧困の度合いを増し、富裕層はさらに自分の懐に富を蓄えていきます。そして、貧富の格差は、教育格差などを経て、世代を超えて続いていきます。経済が減速すればするほど、貧困層はどんどん増えていくのです。

英国のEU離脱は、必ずしも英国の経済に対して良い影響を及ぼさないでしょう。それでも英国内の不満は、他のヨーロッパ諸国との関係を悪化させてでも、EUを離脱するという選択を英国にさせたのです。

こうした不満は、米国でも表れてきています。2011年9月に、ニューヨークのウォール街で、「ウォール街を占拠せよ」という合言葉の下に大規模な抗議運動が起こりました。スローガンは、“We are the 99%”（私たちは99%だ）です。

これは、「1%の富裕層が米国の富を独占している」ことに対する抗議を示しています。実際、1979年からの約30年間において、米国の上位1%の富裕層の資産増加率は、下位20%の最低所得者層の資産の増加率の15倍以上の伸びを示しました。2007年の統計では、米国の全資産の約35%を、その1%の富裕層が所有するに至っていたのです。そして2016年、その状況に異を唱えたトランプ氏は、共和党を乗っ取ることになりました。

トランプ氏は、米国の経済不振は、日本を始め、外国が米国に対して不当な貿易等の経済活動を行っているからだとして、それらの国をやっつけてやる（経済的にですが）と発言しています。

経済不振から脱却できないでいるロシアでは、やたらに軍事力を振り回し、他国に対して強硬な態度をとる、こわもてのプーチン大統領が、高い支持率を誇っています。

ドイツなどのヨーロッパ各国でも、国民の経済的な不満を背景に、極端に排他的な対外政策を主張する極右政党が支持を伸ばしています。現在、世界各国では、国民が自らの生活に不満を持ち、社会に閉塞感が広がり、既得権益者や移民が自分たちの生活を脅かしていると考える傾向が強まっています。

「不満」は時間軸で考える

「不満」の感じ方は、必ずしも経済指標のような客観的な数字で測れるわけではありません。たとえば、裕福な生活をしていた人は、少し贅沢ができなくなるだけで不満を感じるでしょう。贅沢をしない生活が普通だと感じている人にとっては大きな不満はないような状況でも、です。

不満は、我慢を強いられることから生まれます。自分の経済状況が過去よりも悪化すれば我慢しなければならないことが増え、不満は生じやすくなります。

また、国民が生活を維持することが困難なほど経済状況が悪いのに、一向に状況が改善しないときにも不満は生じます。いずれにしても、「不満」は過去の我慢の積み重ねから生じたり、未来への失望により生じたり、と時間を経て「高まっていく」ものであり、時間軸に沿った状況の変化を考慮しなければならないのです。単なる経済指標だけを見ていては、この時間軸の変化を見落としてしまいます。

では、ＥＵ離脱を決めた英国国民の不満はどのように高まってきたのでしょうか？

英国の経常収支は悪化の一途をたどってきました。１９８０年代前半には英国の経常収支は黒字でしたが、１９８５年には赤字に転落。現在では、その赤字は、年間１２００億ＵＳドルにも上ります。

しかし一方で、英国国民の一人当たりのＧＤＰは伸び続け、失業率も急激に増加したわけではありません。それどころか、２０１６年に入って、失業率は改善しています。国家全体の経済状況は赤字でも、国民一人一人の生活は決して悪くないように見えます。

このように、実は国民の平均をとっても「不満」は見えづらいのです。先にお話ししたとおり、国家の経済状況が悪化した時に影響を受けるのは、経済的弱者です。実際に、多くの経済的弱者がいたことがＥＵ離脱の背景にあったことは否定できないでしょう。

英国メディアは、「英国（政府）は冷戦終結後、人口が集中する都市の経済成長に重点を移し、地方住民は長年にわたって不公平感と怒りを感じていた」と指摘しています。地方では移民流入によって家賃の安い住宅が不足し、労賃の下押し圧力が高まっていました。都市部と地方の間で経済格差が広がり、その格差に不満が高まっていたのです。

EU離脱を問う国民投票において、離脱派は経済格差に伴う不満をうまく利用しました。「金を持っているなら残留に、金を持っていないなら離脱に投票しよう」「主権（自分たちで決める権利）を取り戻そう」と呼びかけたのです。

金銭的に苦労している状況そのものよりも、一部の経済的に恵まれた人が良い思いをしているのを目の当たりにし、相対的に格差を感じている方が、不満は溜まりやすいのです。国内の貧富の格差に怒っている人たちが抗議の意を示し始めたのはアメリカも同様でしょう。

ロシアもそうです。ソ連崩壊後、経済危機に陥り、貧困層は数百万人規模に拡大しました。一方で、国有企業は権力者に独占されて寡占がすすみ、官僚の汚職や犯罪件数が増加するといった事態を招きました。その後も原油価格の下落などの理由によって、ロシアの経済は回復していません。こうした状況の中、プーチン大統領は「大国ロシア」を振りかざし、国民の不満を海外に向けることに成功しました。しかし、ロシアの強硬なクリミア併合に抗議する国際社会の経済制裁は、結果的にロシア経済にさらに悪影響を及ぼしています。それでも、プーチン大統領は、さらに強硬な姿勢をとり続けているのです。

こうした国々で、EU離脱といった強硬な政策や、国民の閉塞感を打破してくれると期待される、強そうに見える強硬派の政治指導者に対する支持が高まっているのです。先にお話ししたように、他のヨーロッパの国々でも、ＥＵに対する不満が出ています。さらにアジアでは、中国がアメリカと軍事的な緊張を高めています。また、国家以外の存在として、既存の国際秩序や社会秩序が不公平だと考えるテロリストたちからの卑劣な攻撃が世界中で相次いでいます。世界では、国際社会の内外に不満が溜まり、みなが「自国のために」強硬な政策を採ることを支持しているのです。不満という主観をとりいれた「柔らかいリアリズム」に沿ってみれば、世界は今、伝統的なリアリズムの観点以上に危険な状態にあると言えます。

本書は、「今、世界は戦争に向かいつつあります」という言葉から始まりました。その背景を、ここまでの長い前置きで理解していただけたのではないでしょうか。

第5章

理想論抜きで戦争を止める方法

1　戦争はオプションのひとつにすぎない

戦争とは何か？

戦争にまつわるさまざまな問題について書いてきましたが、ここでようやく「戦争とは何か」をお話しします。みなさんは、戦争をどのようなものとして捉えているでしょうか？

戦争に対する、ひとつの考え方をご紹介しましょう。戦争は、政治的な現象であるばかりでなく、社会的な現象であるという一面も持っています。戦争は、破壊をもたらす一方で、「創造の母」にもなり得るという考え方もあるのです。防衛省防衛研究所の歴史学者は、「戦争は、それまでに築き上げられた文化や文明を一瞬のうちに消滅させるのと同時に、新しい文化や文明を誕生させる契機にもなる」と述べています。戦争によって偉大な芸術が葬り去られる一方で、戦争は、新たな芸術を生み出す源にもなるのです。

日本は、太平洋戦争の敗戦によって、それまでの価値観を大きく変えることになりました。たとえば、今みなさんが享受している自由な生活や、音楽、アニメ、服装などといった文化も、太平洋戦争での敗戦がなければ、自由に楽しむことができなかったかもしれません。また、心理学的には、戦争は、悲劇をもたらすと同時に、死と隣り合わせであるがゆえに「生きている」ことを人々に実感させ、高揚感をもたらすとも言われます。

他にも戦争にはさまざまな副次的な効果があると考えられていますが、それでも、政治学的には、戦争は政治の手段の一部であると考えるのが現在でも主流です。19世紀に発表された、クラウゼヴィッツという有名な戦略思想家の『戦争論』には、戦争を説明した有名な一節があります。「戦争は外交と異なる手段を用いて政治的交渉を継続する行為に過ぎない」というものです。戦争は、外交とまったく関係ないものではなく、むしろその延長上にあるというのです。

このように、戦争は国が他国と交渉する政治的オプションのひとつであるというのが、伝統的な戦争観なのです。しかし、政治的オプションではあっても、戦争が暴力行為であることに変わりはありません。交渉と言っても、戦争は、暴力を用いて、相手に自分の意志を強制するものです。それゆえ、相手の国は、意志の強制を拒否するために同様に軍事力を用いて抵抗し、戦争は拡大します。この考え方に基づけば、理論的には、戦争は極限状態までエスカレートしていくことになります。

しかし、戦争がいつも政治の道具として使われるわけではありません。戦争は、ときに政治のコントロールが利かない状態で起こってしまうのです。また、政治がマヒした状態になると、政治の手段であるべき軍事力が、戦争を自己目的化して暴走してしまうことがあります。その理由のひとつは、兵器の近代化に伴う、殺傷能力と破壊力の巨大化にありました。

戦争は政治的手段として適切か？

20世紀は、政治の手段としての軍事戦略がマヒ状態に陥った時代だとも言われます。20世紀前半には、第一次世界大戦と第二次世界大戦という、とてつもない人的・物的被害を伴った2回の戦争が起こりました。どちらにおいても、政治が軍事力を制御しきれなくなった状況が出現しました。よく「軍が暴走した」という言い方がされますが、これは本来なら政治のオプションのひとつであるはずの戦争が、逆に政治主導をマヒさせてしまい、軍事行動が自己目的化してしまった結果と言えます。

さらに、第二次世界大戦終結後の20世紀後半、戦争に対する考え方を大きく変化させる兵器が登場します。核兵器です。核兵器と、その運搬手段である大陸間弾道ミサイルが開発されたことにより、人類は、地球上のすべての人と文明を消滅させてしまう軍事力を手に入れてしまったのです。この段階において、戦争はもはや政治の手段として起こすことができないものになったと考えられました。戦争は、政治的なオプションから排除されてきたのです。

しかし、世界中でその認識が共有されたわけではありませんでした。戦争を政治的な手段から排除したのは、主に2つの世界大戦において領土が戦場になるという経験をした、欧州や日本、ほぼ同様の核戦力をもって対峙した米ソ両国でした。ところが、冷戦が終結すると通常兵器による戦争が核戦争にエスカレートする危険が減少したと考えた米国や西欧諸国や、ソ連崩壊に伴う混乱の中にあった旧東欧諸国が、再び、軍事力を政治の手段として用いる事象が頻繁に見られるようになりました。

1991年には湾岸戦争が勃発しました。1990年8月のイラクによるクウェート侵攻にはじまり、同年11月に国連安保理が、1991年1月15日の期限までにイラクが撤退しなければ加盟国に武力行使を容認する決議を成立させ、期限が切れた直後、米国を主とする多国籍軍が空爆を開始して始まった戦争です。国連が、集団安全保障のシステムとして機能した数少ない例であるとも言えます。

また、1992年から1995年にかけては、ボスニア・ヘルツェゴビナ紛争が起こりました。１９９１年に勃発したユーゴスラビア紛争にともなうユーゴ解体の動きの中で、１９９２年3月にボスニア・ヘルツェゴビナが独立を宣言し、この独立に反対するセルビア人勢力との間で起こった紛争です。さらに、１９９６年から１９９９年にかけて、コソボ紛争が起こりました。アルバニア人が多く居住する、セルビア国内のコソボ自治州が独立を求めて、セルビア軍と衝突したのです。この2つの紛争において、紛争を早期に終結させるためとして、NATO軍は、いずれもセルビア側を空爆しています。

21世紀になっても戦争は起こり続けています。たとえば、２００1年に発生したアフガニスタン戦争。米国および有志連合諸国と北部同盟による、タリバン政府打倒のための攻撃でした。アフガニスタン政府に対する武装蜂起は１９７8年から始まっています。１９７9年にはソ連が政府軍を支援してアフガニスタンに侵攻しました。米国は、ソ連がアフガニスタンを勢力圏におこうとしている状況に危機感を抱きましたが、ベトナム戦争以後、自国軍を海外に派遣することに国民が否定的だったため、ソ連と戦わせようと、一部のイスラム教徒を支援しました。結局は、それが現在のイスラム原理主義に基づくテロリストたちを育てることになったという皮肉な結果につながっています。

オバマ大統領は、アフガニスタン戦争の終結と米軍の撤退を公約に掲げて大統領になったのですが、２０１5年の内に、二度も撤退の延期を決断し、任期中に米軍を撤退させることは難しくなりました。それほど、テロリストの活動状況が複雑になってしまったのです。

オバマ大統領が米軍の撤退を公約にしていた戦争がもう1つあります。2003年3月に始まったイラク戦争です。湾岸戦争後、「イラクが大量破壊兵器を開発している」として、米国を主体として、英国、オーストラリア、ポーランドなどが参加する有志連合が、イラクに侵攻して始まった戦争です。2011年12月、米軍が完全に撤収し、オバマ大統領がイラク戦争の終結を正式に宣言しました。


ここまで見てきたとおり、欧米諸国は、自国の安全保障のため、戦争を政治的手段として用いてきたのです。しかし、これらの戦争は「国際秩序を維持する」という目的がありました。うがった見方をすれば、「国際秩序を維持するため」という言い訳によって、自国の国益を維持、あるいは拡大しようとしたのだとも言えます。

そして、現在では「国際秩序を維持する」のではなく「国際秩序を破壊する」あるいは「国際社会のルールを自らに有利なものに変える」ために、戦争が政治的手段として用いられるようになってきました。まず、ヨーロッパ諸国が言う、「ロシアによるウクライナに対する実質的な武力侵攻」も起こりました。中国も、軍事力を含む実力を行使して南シナ海の「領海化」を図ろうとしています。

大国だけではありません。国際社会に対して政治的影響力のない、北朝鮮やテロリストといったアクターは、これまでにも、テロ行為によって自分たちの主張を通そうとしてきました。2016年現在、欧米諸国や日本に対して、ISなどのイスラム過激派などによるテロ攻撃が行われるようになっています。これは、国際社会の外側から行われる国際秩序への挑戦です。国際社会から零《こぼ》れ落ちてしまったテロリストたちにとって、テロ攻撃は、自らの主張を広め、実現するための唯一の手段だと考えられているのです。

2つの大戦も冷戦構造における核兵器の脅威も直接経験することのなかったアクターが、戦争を手段として使用し始めています。伝統的な戦争観は死んでいなかったのです。現在の国際情勢は、その戦争観が今も引き継がれているということを示しています。

議論だけでは戦争が避けられない理由

「もはや戦争は政治的手段として用いることができない」という認識は、すでに共有されなくなってきています。ひとたび誰かが軍事力の行使を政治的手段として使用し始めれば、周囲は、それに対抗するために軍事力を使用せざるを得なくなるからです。

第二次世界大戦後、欧米を中心に戦争を回避するための取り組みが行われてきました。そして、それは、理想主義的な説明を伴っていました。「戦争は悪だから起こしてはならない」と。しかし、それは各国が戦争を政治的手段として用いることができないという条件を前提としなければ成り立たない論理でした。いったんその条件が崩れると、それまで理想主義を掲げていた欧州諸国でさえ、軍事力を使用するようになりました。

多くの国が、軍事力、あるいは戦争を政治的手段として用いることができると考えるようになると、国際社会の中で議論によって問題を解決しようという意志は弱くなります。議論によって問題を解決するには、非常に長い時間を要するからです。「長い時間をかけることによって被害が拡大するのを防ぐ」という理由は、軍事力を手段として用いるときたびたび使われます。コソボ紛争やボスニア・ヘルツェゴビナ紛争にNATOが介入したのは、「紛争を早期に終わらせるため」という理由からでした。「紛争を早期に終わらせる」という理想は、国民の支持を得やすいからでしょう。理想は、常に国民の支持を得るために使われます。

国民は、「もはや議論の余地がない」ことを明らかにしない限り、軍事力の行使に賛成しません。しかし、議論の余地があるのに軍事力を行使したいだけなのか、あるいは本当に議論の余地がないのか、国民が見極めるのは容易ではありません。

とくに、価値観を共有しない相手、暴力を用いてでも現在のルールを変えたいと考える相手に対して、議論を通じて問題を解決しようと働きかけることはとても難しいことです。暴力というオプションがある以上、議論に長い時間をかけることよりも、自分の主張を通すことが優先されるからです。そして、自分の主張が認められるべきだ、という権利意識は、得てして「過去の栄光」の経験や成功体験に基づくものが多いものです。

英国のEU離脱に関する国民投票で、離脱を支持した人たちに対するインタビューの中には、「偉大な大英帝国は、EUに加盟することによって、ヨーロッパの中のひとつの国になりさがってしまった」という発言が見られました。

また、中国でも、共産党は「中華民族の偉大な復興」を掲げて、他国に対する強硬姿勢をとっています。そして、プーチン大統領は、「強いロシアを取り戻す」と主張し、他国への軍事力の行使を躊躇しません。

このような、「偉大な（あるいは強い）自国を取り戻す」あるいは「栄光を取り戻す」という主張が始まった時には気をつけなければなりません。「取り戻す」という表現は、「元来、自分のものである」という意識の表れです。過去の栄光の物語は、ナショナリズムを高揚させやすいのです。

国民に経済的な不満が溜まり、社会が閉塞感に覆われているときには、自国が過去の栄光を取り戻すという物語は、国民の鬱憤を晴らしてくれます。ナショナリズムの高揚は、感情の昂ぶりであって、理性ではありません。そうなると、話し合いを通じて理解しあうことは途端に難しくなります。

経済的な停滞が続く日本も他人事ではありません。みなさんも、自分たちが幸せでないと感じ、不満を溜めこんでいるときほど、自分に警鐘を鳴らしてください。自分たちが不幸なのは、世の中のシステムに不当に抑圧されているからだと考えるようになったら、危険な兆候なのです。

本来は幸せになる権利があるのだと思い、そのためには、自分たちを不当に抑圧するシステムを破壊しなければならないと考える人が増えれば、必ずそれを利用して〝指導者〟になろうとする者が出てきます。それは、これまでにお話ししてきたように、各国の歴史が証明しています。

2 「欲望の体系」で戦争を止める

「戦争したら損」では根本的な解決にならない

ここまで、戦争が政治的手段として利用できると認識されるような状況が生まれれば、国は軍事力を行使しうること、そして、問題を議論で解決することが難しいことを説明してきました。理想主義的な協調や、共同体の創設は、その必要があるという共通認識があって初めて実現するものであり、その認識を欠いてしまった状態では機能しません。

国は、国益を最大化するように行動します。あえてはっきり言えば、損得勘定で動いているのです。戦争をするかどうかも、結局は損得勘定によって決められます。理想主義的な理由は、いくらでもつけられるのです。ですから、戦争を起こさないためには、各国に「戦争を起こすことが勘定に合わない」と認識させることが重要です。

「戦争が勘定に合わない」という考えには、2通りあります。1つは「戦争したら損だ」という考えであり、もう1つは「戦争しない方が得だ」という考えです。

1つ目の「戦争したら損だ」という考えは、戦争によって自国が耐え難い損害を受けるという認識から生まれます。「相手には、自国に損害を与える十分な軍事力があり、反撃の意図も持っている」と分析すれば、むやみやたらに軍事力を行使できません。簡単に言えば、これが「抑止」です。現在の国際秩序を形成し、その中で国益を最大化してきたのは、主として欧米先進諸国です。このような欧米諸国に対しては、「自国が損害を受ける」あるいは「自国の兵士に損害が出る」だけでも、戦争行為をためらわせる効果があります。

軍事力を行使する以前に、国際社会が協力して、経済制裁を科すという方法もあります。しかし、経済制裁の効果は常に限定的です。経済制裁といっても、その国民を飢えさせることは人道上許されません。そして、経済制裁を科される国の指導者は、「制裁は理不尽であり、自分たちが苦しい思いをするのは、制裁を科している国々（一般的には欧米諸国が主導しています）のせいだ」と、国民の憎しみを煽ることもできるのです。

経済制裁の効果が限定的である理由は、「経済制裁を科す側にもあります。経済制裁は、国際社会全体で科さなければ効果はありません。誰かが制裁を科しても、他の誰かが自由に貿易を続けたのでは、対象の国はまったく困りません。実は、経済制裁に同意していてさえも、制裁を科す側の国々には、それぞれの思惑や事情があります。

たとえば、北朝鮮の核兵器開発に対する経済制裁において、日本でも「中国の北朝鮮に対する政策が不十分だ」という非難があります。中国が、完全に北朝鮮を締め上げられない理由は、大きく3つあると考えられます。

1つ目は、北朝鮮を米軍との間の緩衝材として存続させたいからです。北朝鮮が無くなると、中国は米軍が駐留する統一朝鮮と国境を接する可能性があるのです。

2つ目は、ロシアの影響です。中国が厳しく出ると、北朝鮮がロシアに近寄ります。中国は、北東アジア地域において、ロシアが過度に影響力を持つことを警戒しているのです。

3つ目は、中国国内の、中央と地方の問題です。北朝鮮との貿易で利益を上げているのは遼寧《りょうねい》省等の地方です。中国では、いくら中央が試みても、完全に地方をコントロールすることはできていません。地方の権力者の影響力は非常に強いのです。

そして、台頭する大国、すなわち潜在覇権国に対して、「抑止」は一時的にしか利きません。抑止は根本的な解決にはならないのです。その理由のひとつに、安全保障のジレンマによって、双方の軍備増強がエスカレートすることが挙げられます。安全保障のジレンマは、理論的には最終的に同等の核兵力を有するところまで行き着きます。また、途中で一方の軍備増強が勝り、兵力に差が出ても問題は解決しません。弱者が必ずしも簡単にあきらめるわけではないからです。弱者には弱者の選択があります。それが、ゲリラ戦などにみられる非対称戦です。非対称のモノの間のバランスをとることは極めて難しいのです。

さらに、失うものがない相手に対しては、「抑止」は効きません。一般的に、テロリストに対して「抑止」は利かないのです。テロ攻撃は、国際社会の外側から内側に対して行われる、秩序破壊の暴力による試みです。テロリストの多くは、経済的に社会から零れ落ちた者たちです。あるいは、自らが貧しくなくとも、世の中が間違っていると憤懣《ふんまん》を抱える者たちです。そして、彼らは信仰によって、自らの命を含むすべてを神に捧げているのです。だからこそ、自爆テロも厭《いと》いません。

テロリストにとって、彼らの不満を解消するものは、暴力による既存の国際秩序の破壊だけです。そして、その後に、自分たちの主張に基づく秩序を構築しようと考えています。そこに、議論の余地はありません。

そのようなテロリストに対して、たとえ「命を奪う」と言っても、抑止効果は低いのです。各国政府が、「テロ行為には屈しない」「テロリストと徹底的に戦う」と言います。これ自体は大変重要なことです。テロリストは、弱みを見せれば必ずそこに付け込んでくるからです。しかし、各国政府が「テロ行為に屈しない」と言ったところで、それだけでは、テロリズムは抑え込めません。

テロリストに対しては「抑止」ではなく、実際の軍事力行使でしか、対処することができません。ただ、テロリストに対する軍事作戦は極めて複雑になります。テロリストは領土を持たず、国境にも縛られず、複数の国をまたいでネットワークを構築するからです。さらに、テロリストの攻撃は、対処しようとする各国の軍隊に向けられるのではなく、各国の国内を含む世界中の地域で、各国の国民を標的にして行われます。完全な非対称戦です（ISのように領土を持ち国家になろうとすると、皮肉なことに、途端に失うものができ、テロリスト最大の強みを失うことにつながります）。

いずれにしても、テロリストに対する攻撃は泥沼です。テロリストの兵力は、国民の中から供給されるのではなく、世界中でそのテロ・グループの主張に賛同する者たちを取り込むからです。世界中で、貧困にあえぎ、社会から零れ落ちる者があまりに多いということも、兵力の供給を容易にするという意味で、テロリストには追い風となっています。

抑止が根本的な解決にならない3つ目の理由は、国際秩序に挑戦しようとする者たちの不満そのものに働きかけていないからです。

潜在覇権国は、経済発展をしています。また、発展する経済を背景に軍備の増強も図っています。潜在覇権国は、その発展を妨害する（と潜在覇権国が考える）既存の覇権国の「抑止」を跳ね返すだけの軍事力を保有しようとします。不満が解消されない限りは、必ず、次の策を講じることになります。

結局、「抑止」は暫定的な措置であり、根本的な問題を解決しない限り、戦争への道を回避することは難しいと言えます。ここで、「戦争が勘定に合わない」という考えの2つ目である、「戦争しない方が得だ」という考えが重要になってきます。戦争をしたら損害を被るというのではなく、戦争をして得られる経済的利益よりも、戦争を回避して得られる経済的利益の方が大きいという仕組みを考えるのです。

「戦争をしてはならない」ではなく「戦争しない方が得だ」へ

これまで政治家や国際関係を研究する研究者は、悲惨な結果をもたらす戦争を避けるために、「勢力均衡の体系」、「協調の体系」、「共同体の体系」を考えだし、これらを複合し実践してきました。それでも、戦争は繰り返し起こり、また現在、国際社会は不安定化しつつあります。これまでの3つの「体系」では戦争が止められない今こそ、新しい「体系」が必要です。

私は、問題を根本的に解決する仕組みは「欲望の体系」とでも呼ぶべき仕組みを作ることだと考えています。「欲望の体系」とは、国家の欲望を力で抑えつけるのではなく、国家の欲望と上手に付き合う仕組みです。不満を持つ潜在覇権国やその他のアクターの「戦争を起こしてでも既存の国際秩序をかえてやろう」という欲求自体は無くならないのですから、その欲求をいかに低減させられるかが重要です。

しかし、「根本的に問題を解決しなければならない」と言うことは簡単ですが、具体的にどのような仕組みが問題を解決するのかを導くのは簡単ではありません。古くから偉大な哲学者、歴史学者、国際政治学者、軍事戦略家などが、考えに考え抜いて、それでもまだ「どう解決するのか」という答えは出ていないのです。

だからこそ、新しい視点が必要でしょう。私は、これまで答えが出なかったのは、政治的手段として戦争を捉え、経済的要素にあまり重点を置かなかったからだと考えています。本来、国家の成り立ちや国家の行動の動機を考えるとき、経済的要素は欠かせないものであるにもかかわらず、従来の理論ではそこに深く踏み込んできませんでした。

「戦争しない方が得だ」という経済合理性を国際関係に当てはめる理論もありました。「経済的相互依存が国家に戦争を回避させる」という理論です。しかし、相互依存だけで戦争を回避することが難しいことは、先にお話ししました。まず、代替手段がある場合が挙げられます。

現在、ある国家との間で行われている経済活動によって得られる利益が、他の国家との経済活動によって置き換えることができる場合は、相互依存は戦争を回避させる決定的な要因にはなりません。

また、相互依存と言っても、それぞれの国が相手の国に依存する度合いは同じではありません。経済的に相手により強く依存している国は、相手の国に対して武力行使するのを躊躇する傾向が強くなります。しかし、依存度が低い国は、武力行使を躊躇する傾向はさほど高くないかもしれません。そもそも、その経済的相互依存関係から得られる利益がさほど大きくないからです。

さらに、相互依存の状態は常に一定であるというわけではありません。いずれか一方が経済発展し、あるいはいずれか一方の経済力が衰退するという状況は、日常的に起こっています。相互依存関係は、常にその変化を考慮に入れなければならないのです。そして、1つの国家は、ある特定の一国家とだけ経済活動を行っているわけではありません。一般的には、1つの国家は多くの国家と経済活動を行い、複数の経済共同体に参加しているのです。これは、代替手段にも、相互依存の度合いにも関係することです。これらすべてを考慮に入れて、国家が特定の国家に対して軍事力を行使するかどうかを説明しようとすると、モデルが複雑になりすぎます。

それでも「相互依存が戦争を回避する」という考え方が重要なのは、国家に我慢を強いるのではなく、自主的に軍事力の行使を回避させることを理論の基礎においているからです。戦争回避のために考えられた仕組みは、大きく「勢力均衡の体系」、「協調の体系」、「共同体の体系」に分けることができます。これらの仕組みは、潜在覇権国が既存のルールに過大な不満を抱き、軍事力を用いて国際秩序を変更したいと考えても、「戦争という手段を選択させない」ことに主眼が置かれていました。それは、台頭する大国に、我慢を強いるということでもあります。

これらの仕組みを用いても戦争が回避できなかったのは、そして、このような理論で「戦争がどういう状況下なら起こり、どういう状況下なら起こらないのか」を説明することができなかったのは、「軍事力を用いて国際秩序を変更したい」という意図の部分に働きかけなかったからではないでしょうか。不満が溜まったまま抑えつけられれば、機会を見て、あるいは実力をつけて、いつかその不満を晴らしてやろうと考えるのは想像に難くありません。それどころか、よけいに不満や憎しみを募らせかねないのです。

政治は、深く経済と結びついています。外交政策が経済的要因に左右されるということは、政治的手段としての軍事力行使も、経済的な要素がその動機になっていると考えるのは自然ではないでしょうか。だからこそ、「戦争をしない方が経済的に得だ」という認識を持たせることが必要なのです。

経済的相互依存が戦争を回避するための決定的な要因にならないのだとすれば、一体、何がそれに代わり得るのでしょうか。経済的相互依存が戦争回避の決定的な要因にならないのは、それが、国際社会の経済活動における「構造」を示すものだからです。そこには、国家の経済状況に対する「認識」が含まれていません。国際秩序に不満を持つ国家やその他の主体が「武力行使しない」という選択をするためには、その不満が軽減されなければなりません。不満を持ち続けるのであれば、戦争をしないでいる状態が「得である」ことにはならないからです。「経済的相互依存が国家に戦争を回避させる」という考え方は、「経済的相互依存が、国家に少なくとも極度の不満を持たせない程度に経済的利益をもたらす」という前提に立った理論なのです。しかし、この前提自体に疑問があるとしたら、この理論は成り立たなくなってしまいます。そして実際、経済的相互依存にはさまざまな状態が考えられ、状態によって、ある国家の経済がその相互依存関係にどの程度依存しているのかが異なります。そのため、経済的相互依存を、単独の変数として扱うことが難しいのです。

国家の「認識」をどう理論化するか

国家の不満を軽減することが、国家に政治的手段としての戦争を選択させないことにつながるのだとすれば、国際的な経済関係の「構造」よりも、経済状況に対する国家の「認識」に注目するべきではないでしょうか。主観である「認識」を理論の中に取り入れる際には、いかにして客観性を保つのかという、相反する問題に直面します。国家の「認識」そのものは計測できず、そのため、定量分析ができないからです。定量分析できない理論に、汎用性はありません。理論の中で用いるべきは、国家の「認識」を代替することができ、計測可能な指標である必要があります。

そしてその指標は、国家ごとの経済に関わるものから得られなければならないでしょう。経済指標そのものは国家の認識を示しているわけではありませんから、研究成果として論文を書くのであれば、国家の経済状況に対する「満足か不満か」の認識と経済指標の相関関係も証明しなければなりません。私はただいまその研究を行っていますが、ここでは、専門的な内容は極力排して、その概要だけをお話しすることにします。

たとえば、台頭する大国が既存の国際ルールに不満を持つのは、既存の大国や他の先進諸国が、すでに自分たちの権益を確保していて、現在のルールがその権益を守るためのものになっていると考えるからです。自国がさらなる経済発展を遂げる権利があるという権利意識と実際の状況が合わないので、それを既存の大国や、その大国が他の先進諸国と築いている国際秩序のせいにするのだと言えます。

高度経済成長を遂げてきたのに、それまでの経済活動が行き詰まり、成長が減速し始めたとき、国民の間に不満は溜まりやすくなります。このとき、台頭する大国は、暴力的な手段によって他国の権益を奪い取ることを、必ずしも悪いことだとは考えません。なぜなら、それは欧米諸国が過去に行ってきたことだと認識しているからです。欧米諸国が行ってきたことを、自分だけ禁止されるのは不公平だということです。かつての日本もそうであったことは、先にお話ししました。

国家の不満と経済状況は密接に結びついています。しかし、「経済状況が悪くなって社会に閉塞感が充満したら」というのは、表現としては理解できますが、定量化できない限りは理論モデルの中で基準として用いることはできません。「経済状況が悪くなる」とは経済の何がどの程度の値を示したとき、あるいは変化を示したときを指すのかを、明確にしなければならないのです。

「経済成長が減速し始めたとき」という表現は、先のものよりましですが、それでも具体性に欠けます。

理論的に、「(不満という) 認識」と経済指標の因果関係を示すのは難しいため、国家が不満だと認識する基準は、歴史から学ぶより他にありません。歴史上、戦争を起こす原因となった潜在覇権国の当時の経済及び社会の状況から、統一された、あるいは類似のパターンが見られれば、行動の転換点となった時点の経済指標が、国家の認識 (不満) との間に相関関係があることが確認できます。

たとえば、国家全体の経済状況の悪化を示すものとしては、経常収支の悪化や経済成長率の鈍化などが挙げられます。これらの変化が顕著に現れるポイントでは、国民や世論を気にする政府の政策決定に影響を与える可能性があります。しかし、経常収支は国全体の状況を示すものであり、経済発展する国は常に「中所得国の罠」に陥る可能性もあります。これらの経済指標だけでは、政府に戦争というオプションを選択させるほどの国民の不満と結びつけるのは難しいでしょう。では、一体何が鍵となるのでしょうか。

「不満」は、恵まれた他者との相対的な比較によって高まりやすいと言えます。その性質を考慮すれば、経済全体ではなく、その中での格差を指標として用いる必要があります。世界中で所得と富の分配の不平等化が進んでいる状況は、日本でも話題になった、ピケティの『21世紀の資本』（みすず書房）でも詳細に述べられています。

さらに、一国だけではなく、世界中で不満が溜まる状況がなければ大規模な戦争は起こりえないことを考えると、理論を一国の中だけで分析することはできません。世界中の国で不満が溜まり、各国がより強硬な対外政策をとり始めたとき、より戦争の危険性が高まります。各国は、相互に影響し合っています。


どのような経済状態になった時に国民の不満が高まるのかを理論的に証明するのは難しい問題です。しかし、各国に不満が溜まった状況が危険であることに間違いはありません。これらの不満を解消しない限り、国際社会の緊張を根本的に軽減することはできません。

国家が社会の不満や危機感を感じるような状況を避けるためには、各国家がある程度満足できる利益を得られるような「欲望の体系」が、国際社会の仕組みには不可欠なのです。

戦争をタブー視することは日本のためにならない

「戦争をする国にさせないぞ！」

これは、平和安全法制に反対するデモで使われたスローガンです。自ら戦争を起こすような国になってはいけない。そのとおりだと思います。暴力によって国際関係における問題の解決を図ってはなりません。しかし、そのことと、平和安全法制に反対することは直接つながるのでしょうか？

平和安全法制を議論する必要性が説明される際、「安全保障環境の変化」がその理由として主張されました。では実際、世界の安全保障は今どのような状況にあるのでしょうか。

現在の世界では、経済不振あるいは国内の経済格差などの理由によって多くの国々の国民の間に不満が溜まり、それがナショナリズムと相まって、あらためて、国民国家という単位が強く認識されるようになっています。

たとえば、地域統合の理想を捨て「英国の主権を取り戻す」としてEUを離脱した英国では、過去10年の期間、金融システムの負債比率（レバレッジ）を拡大することで発生した経済ブームの破裂から回復するために、英国の中央銀行は金利をゼロ近くまで引き下げ、紙幣増刷で債券を購入する量的緩和に突入しました。それでも英国の景気後退は根が深く、回復力も非常に弱いものでした。EU離脱前に発表された2016年のGDP成長率は、1・7％と低い予想にとどまっていたのです。

英国の国民が不満を高めた直接の原因は、国民の生活の悪化です。英国は2011年頃から、急速に雇用を増加させてきました。その一方、労働者1人当たりの生産量で測った労働生産性を見ると、英国の数字は最悪のレベルにとどまっています。これは、賃金上昇が生活費の上昇にまったく追いつけないということです。英国の国民は、英国経済が回復せず、自分たちの生活が苦しいのは、欧州財政危機へのEUの対応のせいだと考えています。2011年以降のユーロ危機への対応に、非ユーロ加盟国の英国が巻き込まれたことに不満を抱いているのです。

先に、英国の雇用は改善しているとお話ししました。2008年に失業率が急速に悪化して8％を超えた後、2012年から失業率は改善に転じ、2015年には5％を少し超える程度にまで減少しました。しかし、英国全体が平均してよくなっているわけではありません。

英国へ流入した大量の移民の多くは、地方都市で生活しています。とくに、2008年のリーマンショック後に雇用低迷が深刻になると、低賃金で働く移民が雇用を奪っているという不満が国民の間に溜まり始めました。地方では、今もこの状況に劇的な改善が見られないのです。移民への不満が域内の人・物の移動の自由を基本理念に掲げるEUへの懐疑論に火を付け、あらためて英国国境が意識され始めたのだと言えます。

米国でも経済格差の拡大に伴う国民の不満が広がっています。2016年は、1999年との比較で、所得上位5％の実質所得がほぼ横這いであるのに対して、中間値では10％弱、下位20％では10％強も賃金が減少しています。つまり、格差拡大と中間層以下の実質所得下落が同時に発生しているのです。この傾向は、リーマンショック以降、とくに顕著になっています。そして、若い世代が家を買えなくなり、学生は学費が払えなくなってきています。こうした不満が、大統領候補者選びに反映されたのです。

その国民の不満を背景に、強そうに吠える政治指導者たちが現れ、他の政治指導者の中にも対外的に強硬な姿勢をとる者も出始めました。

そして、国家の中にも、あるいは国際社会の外にもいるテロリストたちも、暴力的手段を用いて、国際秩序に挑戦し始めたのです。「安全保障環境の変化」とは、このような国際情勢の変化を指しています。このような状況下で、日本だけが戦争を起こさなければ、それで良いのでしょうか？　それで、状況は好転するのでしょうか？

もちろん、日本が国際社会から孤立して戦争を起こすなどという愚は、二度と犯してはなりません。しかし、一方で、国際社会が暴力的手段によって脅かされているときにこれを無視し、国際社会とも協力せずこれに対処しないままで良いとも思えないのです。そもそも、複数の国やテロリストなどが暴力によって自分の要求を通そうとする状況にあって、日本だけが戦争についての議論をタブー化し、現実を見ようとしなければ、結果的に、物質的にも精神的にも何の準備もないまま、日本が戦争に巻き込まれるリスクを高めかねません。

もちろん、国際社会との協力は、軍事力の行使だけではありません。日本ではよく、「外交的手段によって」とか「議論を通じて」と言われます。それは、繰り返しますが、大変重要なことです。他の国の国民も、みな、そう言っています。しかし、国によってその行動はさまざまです。中には、暴力的な手段で自分の要求を通そうとする国もある、ということはしっかりと認識されなければならないのです。

議論は、同じ価値観を共有した上で行わなければ、建設的なものになりません。悪いと思っていない人に、「あなたがしていることは悪い」と批判しても、素直に聞いてくれるはずがないのです。良いか悪いかの判断は、価値観や、どの立場から物事を見るかに依存します。だからこそ、台頭する大国とも共有できる、共通の価値観を探し当てなければならないのです。しかし、共通の価値観を構築するには、大変長い時間がかかります。しかも、ヨーロッパが「世界」であった時代には、その主たるアクターであるヨーロッパ各国の間に、文化的紐帯がありましたが、それ以外の地域の大国が台頭した今、文化的にもわかり合うことはどんどん難しくなってきています。

それでも米国は、他の地域とはいえヨーロッパ各国との文化的紐帯を維持していました。第二次世界大戦後、ヨーロッパ各国が衰退し、英国が自主的に覇権を米国に譲ると、米国主導の国際秩序が形成されていきました。それは、ヨーロッパが築いてきた秩序を引き継ぐものでした。今日の国際秩序は、欧米主導のものであったと言えます。そこに、戦後、ソ連が世界に共産主義を拡散することを恐れた米国によって支援され、高度経済成長を遂げた日本が加わりました。

現在は、暴力的手段をもって国際秩序に挑戦しようとする新たな国家などのアクターが出現し、既存の秩序を形成してきた欧米諸国が、国家の枠組みを再び意識し始めました。強烈な自己の権利の主張と相互不信が、国際社会のそこここに見えるようになってきています。この状態からお互いの認識の差を埋め、共通の価値観を築くには非常に長い時間を要するという事実はしっかりと受け止められなければなりません。

その間にも、国際秩序に対する暴力的挑戦は続きます。共通の価値観が得られるまでは、議論が成り立ちません。その間は力をもって、暴力的手段に効き目がないことを示さなければならないのです。

そこで一時的に必要となるのが、さきほど根本的な解決にはならないとした、「戦争をしたら損だ」と思わせる「抑止」です。さらに、「抑止」は、これまでの日本の区分で言えば、「平時」においても効果を持たせなければなりません。正面衝突したら勝ち目がないと考えるアクターが用いる、テロやサイバー攻撃、法執行機関を用いた優勢の確保などの非対称的な手段に対して、旧来の「自国に対する武力攻撃」という概念は通用しないのです。相手は、自らにとって有利な領域で戦おうとしています。

しかし、日本は米国と同様の「抑止」を他者にかけることはできません。能力の問題もありますが、それ以上に、南シナ海において「航行の自由」作戦を行う等、米国と同様の行動をとることが日本の国益にかなわないからです。

米国にとって、世界中どの地域に対しても、自由に迅速に軍事力を展開できることが、安全保障の根幹です。一方の日本の安全保障は、あくまで日本本土の防衛が基本です。こうした違いは、国力の差だけでなく、国内の政治的条件にもよります。日本は、さまざまな条件から考えても軍事力を行使するのは苦手だと言えるでしょう。

だからと言って、日本が軍事力の行使というオプションを放棄したままでよいわけではありません。日本は、できる限り、複雑化した脅威やハイブリッド戦に対応する努力をしておかなければならないのです。

日本だからこそできること

先に、「抑止」が効果を持つのは一定の期間だけで、永遠ではないということをお話ししました。「抑止」だけでは、問題を解決することはできない以上、「抑止」をかけながら、同時に、共通の価値観を一日も早く構築する努力が求められます。

ここで、日本の得意分野が活きてきます。日本なら支援やビジネスに関わる活動をベースに、価値観を共有する役割を果たせると、私は考えています。

ヨーロッパにおける文化的紐帯のようなものを新たに共通の価値観としてつくるということになると、気が遠くなるような時間がかかります。しかも、ヨーロッパ各国は、相互に影響しながら、似たようなタイミングで、徐々に価値観を変化させてきました。これを、これから他の地域の国がすべてなぞることは到底できません。

さまざまな背景を持つ各国が共有できる、新しい価値観の構築が必要です。それは、現在の国際秩序の基となっている価値観がベースになったものでなければならないでしょう。ただし、現在の国際秩序と言っても、それは欧米が主導して構築してきたものですから、そもそもこれに馴染まない地域や国家も多いはずです。このような状況でほぼすべての国家で共有できる価値観は何か。

それは、「経済発展」ではないでしょうか。

ヨーロッパ文化圏であろうと、その他の文化圏であろうと、あるいは、仏教であろうと、キリスト教であろうと、イスラム教であろうと、どのような宗教を信仰しても、おおざっぱに言えば、国家の目的は経済発展なのです。国際政治では、国家の生存を図る安全保障の方が、経済的利益を得ることよりも国家の目的として上位に置かれることが多いのですが、国家が存在していなければ経済発展を図るどころの話ではないわけですから、ある意味ではこれは当然です。しかし一般的に、国家は、ただ存在しているだけで満足するわけではありません。国家は、常に経済を発展させようとするのです。それは、個々の政治指導者の利益にも合致します。経済が発展すれば国民の支持を得て、自分の政治的権益を拡大できるからです。逆に、すでに経済発展を果たした先進国である、欧米や日本であっても、国内の経済状況が悪くなれば、社会は不安定化します。やはり、どの国も好景気を保っていたいと考えるのです。簡単に言えば、みなお金がほしいのですから、みながある程度お金儲けできる仕組みができれば、各国に「戦争をしたくない」と思わせることにつながっていくはずです。

この「欲望の体系」とでも呼ぶ仕組みを、どう構築するかが問題です。

ビジネスには市場が必要だということは、当然のように理解されていますし、貿易の障壁をなくす努力もすでに多国間で行われています。公正な貿易が実現するための仕組みとしてWTOがあり、現在では、地域等をベースにした自由貿易協定（FTA）なども多く存在します。2015年に日本でもその条件が散々議論されたTPPも、環太平洋の新しい経済秩序です。

これらの仕組みは、既存の市場をどのように活かすかという試みです。しかし、これだけでは、台頭する大国の欲望を満足させるにたりません。世界全体の経済のパイが一定であるならば、台頭する大国は、既存の先進国の経済的パイを奪うことになるからです。これでは、衝突しても仕方がありません。先進国にしても、簡単に経済的に没落するわけにはいかないのです。

そうすると、新しい市場を創造することが必要になってきます。しかし、大きな市場を作り出すのは簡単なことではありません。市場であるためには、その国家なり地域なりがモノを買うわけですから、それだけの購買力、すなわち経済力が必要になります。市場を生み出すためには、ある程度、経済発展が必要になるということです。

発展途上国を新たな市場とするためには、ビジネスパートナーとなるだけでなく、同時に支援も必要です。インフラ整備の支援や、技術移転などが行われてこそ、発展途上国の経済は発展して市場は拡大できます。それは、日本のビジネスの発展にもつながります。

取引相手の国家の規模が十分に大きくなれば、市場そのものの規模も大きくなります。市場の規模を確保するためには、一か国一か国に対するビジネスや支援ではなく、地域の統合を視野に入れなければなりません。

東南アジアでは、すでに、AEC（ASEAN Economic Community：ASEAN経済共同体）が設立されています。2015年12月31日に発足したAECは、ASEAN10か国が参加する、貿易自由化や市場統合などを通じて成長加速を目指す広域経済連携の枠組みです。またAECは、ASEAN域内人口がEUを上回る計6億2000万人で、域内総生産が2兆5000億ドル（約300兆円）に達する巨大な経済圏になります。

東南アジア諸国は今後まだまだ発展できます。東南アジアの市場はまだ大きくなるのです。現在でも、東南アジア諸国は、道路や鉄道、エネルギー施設などのインフラ整備を進めている段階にあります。また、経済構造についても、まだ安い労働力の利点を生かした労働集約的な産業が多く、そこから、次のステージに移ろうと努力している国もあります。こうした段階では、先進諸国が、ベルトコンベヤーの末端として労働力を不当に安く抑えつけ、発展途上国から搾取する構造が生まれがちです。しかし、東南アジア各国内の貧富の格差が解消されなければ、市場としての成長も限定的になり、長期的には日本にとってもマイナスです。

ここに、日本が関与できる余地があります。日本政府は、2015年2月に、それまでの

「ODA（Official Development Assistance：政府開発援助）大綱」を改定し、「開発協力大綱」を定めました。この改定により、日本は、国際社会の平和と安定のためにODAをより戦略的に使用できるようになりました。

外務省によれば、日本は、ASEANのさらなる統合を後押しすることが日本及び地域の安定と発展のために重要と考えており、その考えの下に、「『質の高いインフラパートナーシップ』を通じた域内連結性強化や産業基盤整備のためのインフラ整備支援」、「域内及び国内格差是正のための支援（貧困削減や人材育成、保健・女性分野における支援を含む）」、「防災、環境・気候変動・エネルギー分野等、持続可能な社会の構築のための支援」、「法の支配の促進、海上の安全確保、サイバーセキュリティ強化等、域内の安定・安全に資する支援」を実施するとしています。

日本のODAは、支援を受ける側からの申請をもとにしており、あくまで二国間の支援です。しかし、日本と被支援国がともに、地域全体の市場を意識してODAを活用すれば、より効率的に市場の成長を支援できます。市場が大きくなれば、世界経済をけん引し、国際社会に対する影響力も高まっていきます。新たに大きな影響力を持った地域が出現することによって、国際社会の構造も変わります。

たとえば、東南アジア諸国が、統一された巨大市場として、あたかもひとつのアクターとしてみなされるようになれば、アジア太平洋地域における「米中対峙」のイメージを変えることができるかもしれません。そして、経済発展してきた国々も先進諸国も、ある程度の不満を抱えつつも、それでもともに経済的利益を得られる仕組みにしていくのです。

世界には、まだまだ経済発展しなければならない地域が多くあります。東南アジアが最後ではありません。日本を含む先進諸国には、戦争を避けるためにも、各国が経済的な利益を上げ続けることができる仕組みを作っていく責任があります。そのひとつが、発展途上国の経済発展と市場の拡大を支援することです。全体のパイを大きくして、先進国の取り分を削ることなく、発展途上国の取り分を大きくするのです。

世界全体の経済が、発展途上国が経済発展する速度と同様に発展することは簡単ではありません。しかし、全体のパイの大きさがさほど変わらなければ、参加者がより大きなピースを奪い合うことになります。もし、すでに大きなピースを確保している先進諸国が、自分の取り分を無理やり固定してしまうと、発展途上国の取り分は増えません。経済発展ができないということです。発展途上国が発展してくると、先進諸国がその地位を譲らない限り、みな詰まってしまいかねないのです。

各国が、それぞれに市場を拡大するという現在の経済モデルは限界にきているのかもしれません。最先端技術を用いた製品の開発についても、同様のことが言えるでしょう。最初は先進諸国だけが生産できた製品も、次々に新たに発展してきた国々で生産できるようになっていきます。そして、画期的な新たな技術を大量に開発し続けることも容易ではありません。

このような状況を避けるためには、先進諸国は、新たな経済モデル、政治モデル（ベーシック・インカム等）への移行を考慮しなければならなくなるでしょう。日本は、市場拡大のために発展途上国の経済発展を支援するなど、日本らしい役割を果たしていくとともに、新たな政治・経済モデルの開発にも取り組まなければならないのではないでしょうか。

おわりに

　戦争を避けるために、「新しい価値観の共有が必要である」とお話ししてきましたが、安全保障の概念自体も変化してきています。戦争以外にも、国家や人間に被害を及ぼすさまざまな事象が、安全保障の範疇《はんちゅう》に入りつつあります。

　たとえば、「エネルギー安全保障」や「食料安全保障」、「人間の安全保障」等といった言葉も使われるようになりました。そして、大規模災害などに際して、捜索救難や支援を行うＨＡ／ＤＲ（Humanitarian Assistance / Disaster Relief：人道支援・災害救助活動）オペレーションは、各国軍の重要な任務になりつつあります。

　それでも、伝統的な安全保障の重要性が低くなったわけではありません。戦争は、人間が行う暴力行為です。人間は次々に、破壊力が大きく、相手が対処できない兵器を開発してきました。各国は、戦争して他国を打ち負かすために、科学技術を発展させ、最先端技術を用いてきました。平和な生活を送っているみなさんには、国内の多くの資源を投入して、兵器を開発する国のことが理解できないかもしれません。

しかし、国家は経済発展して国力が増すと、自国がさらに発展するために、通常の通商による手段を超えて、権謀術数を駆使し、それでもうまくいかなければ、軍事力を用い、力づくでも相手を屈服させてきました。そして、台頭する大国を脅威だと考える周辺諸国も、自国の安全を守るために、最先端技術を用いた兵器を開発してきました。国家は、自国の発展のためであれ、他国の脅威から自国の安全を守るためであれ、結局は巨額の予算をつぎ込んで兵器を開発し、あるいは調達してきました。

この事実は、否定のしようもありません。そして、このような状態を説明できるのが、リアリズムの理論です。国家は、自らの生存のためであれば、いかなる手段でも使用します。安全保障は、国内のすべての資源を投入して行われます。そして、その最終的な手段が戦争です。

戦争という手段が排除されない限り、国際社会の構造によって軍事的緊張が高まることがあるのは、避けがたいことです。そして、国際社会の中で十分な影響力を発揮できないと考える、台頭する大国やテロリストたちは、暴力を用いてでも、自分の欲求を通したいと考えます。そして、それらのアクターは、自分たちが不当に抑えつけられていると考えているので、その不公平の元凶だと考えられている先進諸国が説得しても、聞く耳は持ちません。

いくら「戦争は悪だ」と考え、理想主義的な発想で戦争を非難しても、それだけで戦争はなくなりません。だからと言って、構造的な軍事的緊張が、必ず戦争に発展する訳でもありません。現実主義的な分析をもとになぜ戦争が起こるのかを理解し、その原因を取り除かなければ、戦争を回避することはできないのです。そのためには、国家の行動原理についての理解は欠かせません。

私たちはもはや、世界大戦を受け入れることはできません。国際社会が構造的な緊張を高めている状況にあって、私たちは積極的に戦争を起こさない努力をしなければなりません。長期的には、個々に国益を追求する各国が、それぞれの欲求をある程度満たし、自主的に戦争という政治的手段をオプションから排除するような、共通の価値観と仕組みを作らなければなりません。そのためには、非常に長い時間を必要とします。一方で、その間にも、国際秩序に挑戦しようとするアクターが暴力的な手段を使用し、それが戦争に発展するのを避けなければなりません。現時点で価値観を共有できず、議論が通じない相手に対して、相手が武力を行使しようとする場合には、こちらも力を示さなければ、その行動を止めることはできないのです。

共有できる価値観を探す、あるいは構築するための「議論」と「抑止」を同時に行わなければなりません。安全保障にはとり得るすべての手段をとらなければならないのです。そのために、日本もすべてのオプションが使える状態にしておかなければならないと思います。ただ、軍事的オプションが使えるようになるということは、決してその使用に直結するものではありません。私たち国民は、慎重にその扱い方を考えなければならないのです。これまで、日本では安全保障を議論することさえタブー視されてきました。しかし、日本が国際社会の中で生きていく限り、国際社会の変化と無関係ではいられません。みなさんが幸せに暮らし続けるためには、日本の種々の価値観を抑圧せずに活動できる、現在の国際秩序を維持しなければならないのです。そのために、日本は国際社会と協力する必要があります。

この本を読んで、みなさんはどのように感じられたでしょうか。

日本がどのような国であるべきなのか。答えは、みなさん自身で考える必要があります。これからの日本の姿を決めていくのは、みなさんだからです。日本が軍事的なオプションを持つことになっても、政府がそれを勝手に選択できるわけではありません。使うかどうかを決めるのは国民なのです。オプションを持つということは、どう使うかについて責任を持つということでもあります。みなさんが、国際社会や戦争について、現実的に分析し、理解を深めてくださることを期待しています。

参考文献

トマ・ピケティ著『21世紀の資本』(山形浩生・守岡桜・森本正史訳、みすず書房、2014)
ジョセフ・S・ナイ・ジュニア/デイヴィッド・A・ウェルチ著『国際紛争――理論と歴史〔原書第9版〕』(田中明彦/村田晃嗣訳、有斐閣、2015)
ジョン・J・ミアシャイマー著『大国政治の悲劇 改訂版』(奥山真司訳、五月書房、2014)
ケネス・ウォルツ著『国際政治の理論』(河野勝/岡垣知子訳、勁草書房、2010)
細谷雄一著『国際秩序――18世紀ヨーロッパから21世紀アジアへ』(中央公論新社、2012)
吉川直人/野口和彦編『国際関係理論 第2版』(勁草書房、2015)

何が戦争を止めるのか

発行日 2016年9月10日 第1刷

Author 小原凡司

Book Designer 中澤耕平(Asyl)

Publication 株式会社ディスカヴァー・トゥエンティワン
〒102-0093 東京都千代田区平河町2-16-1 平河町森タワー11F
TEL 03-3237-8321(代表)
FAX 03-3237-8323
http://www.d21.co.jp

Publisher 干場弓子
Editor 井上慎平 + 松石悠

Marketing Group
Staff 小田孝文 中澤泰宏 吉澤道子 井筒浩 小関勝則 千葉潤子 飯田智樹 佐藤昌幸
谷口奈緒美 山中麻吏 西川なつか 古矢薫 原大士 郭迪 松原史与志 中村郁子 蛯原昇
安永智洋 鍋田匠伴 榊原僚 佐竹祐哉 廣内悠理 伊東佑真 梅本翔太 奥田千晶
田中姫菜 橋本莉奈 川島理 倉田華 牧野類 渡辺基志 庄司知世 谷中卓

Assistant Staff 俵敬子 町田加奈子 丸山香織 小林里美 井澤徳子 藤井多穂子 藤井かおり 葛目美枝子
伊藤香 常徳すみ イエン・サムハマ 鈴木洋子 松下史 片桐麻季 板野千広 阿部純子
岩上幸子 山浦和 小野明美

Operation Group
Staff 池田望 田中亜紀 福永友紀 杉田彰子 安達情未

Productive Group
Staff 藤田浩芳 千葉正幸 原典宏 林秀樹 三谷祐一 石橋和佳 大山聡子 大竹朝子
堀部直人 林拓馬 塔下太朗 木下智尋 鄧佩妍 李瑋玲

Proofreader 株式会社鴎来堂
DTP 朝日メディアインターナショナル株式会社
Printing 共同印刷株式会社

ISBN978-4-7993-1966-6